www.tredition.de

AF203481

für Sven

Georg Henkel

Kosmisches Lachen

SYNTHI-FOU und der närrische Humor in
Karlheinz Stockhausens LICHT-Zyklus

www.tredition.de

© 2012 Georg Henkel

Umschlaggestaltung unter Verwendung einer Fotografie von © Andreas Birkigt (Simon Stockhausen als SYNTHI-FOU bei der Uraufführung von Karlheinz Stockhausens Oper DIENSTAG aus LICHT am 28.03.1993 an der Oper Leipzig)

Verlag: tredition GmbH, Hamburg
ISBN: 978-3-8491-1646-0
Printed in Germany

Bibliografische Information der Deutschen Nationalbibliothek:
Die Deutsche Nationalbibliothek verzeichnet diese Publikation in der Deutschen Nationalbibliografie; detaillierte bibliografische Daten sind im Internet über http://dnb.d-nb.de abrufbar.

Inhaltsverzeichnis

Einleitung[1]

„Mit Hitler und Wauwau ins Wolkenkuckucksheim" ist eine spöttische *Spiegel*-Kritik zu Stockhausens Oper MONTAG aus LICHT überschrieben.[2] Rezensent Klaus Umbach vermag in der Häufung seltsamer Einfälle und Wortspielereien, zu deren Umschreibung er auch aus der FAZ zitiert („Text-Aktions-Gebräu"), nichts anderes als Entgleisungen eines auf dem Holzweg befindlichen Künstlers zu erkennen. Es ist nicht uninteressant, dass sich zumindest in dieser Hinsicht die meisten Kritiker, egal welcher Couleur, einig sind: Mag auch musikalisch hie und da etwas vom Genius des „mutigen Neuerers" und „grandiosen Handwerkers" (Umbach) hervor blitzen – spätestens, wenn es um die inhaltliche Seite von Stockhausens Oper geht, fällt die Bilanz einigermaßen desaströs aus.

Hätte Stockhausen seinen LICHT-Zyklus auf die großen, meist tragisch grundierten Menschheitsmythen oder zumindest auf etablierte hochreligiöse Vorstellungen gegründet (vorzugsweise in stilvoller literarischer Formung durch berufene Autoren), statt einer vermeintlich unausgegorenen ‚Privatmythologie' aufzusitzen, die sich aus offenbar recht obskuren Quellen sowie dem zweifelhaften persönlichen Geschmack des Komponisten speist, man wäre vielleicht eher bereit gewesen, das Werk als künstlerisch ernstzunehmenden Beitrag zum Musiktheater zu würdigen (wenngleich es in

---

[1] Mein besonderer Dank gilt Leopoldo Siano, der mich eingeladen hat, meine Gedanken zu SYNTHI-FOU im Februar 2012 im Rahmen des LICHT-*Kreises* am Musikwissenschaftlichen Seminar der Universität Köln vorzustellen. Seine Begeisterung für das Thema hat die Entstehung des vorliegenden Textes immer wieder befeuert. Des weiteren danke ich Kathinka Pasveer von der Stockhausen-Stiftung für Musik, die mir eine Reihe von Quellen aus dem Archiv zur Verfügung gestellt hat. Diese werden demnächst in weiteren Bänden mit Stockhausens *Texten zur Musik* erscheinen.
[2] *Umbach 1988.*

dieser Form wahrscheinlich nur auf den ästhetisch abgesicherten Literaturopern-Pfaden weitergeschritten wäre).

So aber haderte man nicht nur in diesem Fall mit dem Ergebnis. Stockhausens Humor hat es in Verbindung mit seinen frei geäußerten metaphysischen Vorstellungen immer wieder vermocht, das Publikum nachhaltig zu irritieren und Zweifel an der künstlerischen Integrität des Komponisten zu wecken.

Der anschließende Beitrag unternimmt den Versuch, die heiteren, komischen oder auch skurrilen Momente in LICHT als Ausdruck einer konsequenten spirituellen Haltung des Komponisten zu interpretieren, die sowohl im Christentum wie auch in nichtchristlichen Kulturen einen charakteristischen Vertreter hat: den heiligen Narren. Der heilige Narr bzw. der närrische Humor, die von Stockhausen in der Figur des *Synthi-Fou* aus der DIENSTAG-Oper emblematisch verdichtet werden, erweisen sich bei näherer Betrachtung als ein Schlüssel für das Verständnis von Stockhausens Opern-Zyklus und auch darüber hinaus für sein Werk. Sie stellen gleichsam eine Gegenkraft zu jenen tragischen oder auch tragikomischen) Energien dar, die seit der Antike die abendländische Kultur- und auch Religionsgeschichte prägen – und dies nicht nur im Sinne eines ausgleichenden Gegenpols, wie es in dem Gegenüber von ‚Tragödie' und ‚Komödie' anklingt, sondern in der Aufhebung dieser Zweiheit in eine Position *jenseits* der Polaritäten.

Der Typus des Narren begegnet in säkularer und sakraler Gestalt. Als Hofnarr übernimmt er die Funktion, der herrschenden Klasse den Spiegel vorzuhalten und unbequeme Wahrheiten in unterhaltsamer Form kundzutun. Weil er den Status einer lächerlichen, nicht ernst zunehmenden Witzfigur inne hat, darf er sagen, was sonst keiner zu sagen wagt. Er karikiert die Gesellschaft und erheitert sie zugleich, auf die Gefahr hin, sich im Ton zu vergreifen und für seinen Aberwitz bestraft zu werden. Seine Position ist darum durchaus prekär und dem herzhaften Gelächter über einen gelungenen Scherz folgt oft der Zorn über seine unverschämte Anmaßung. Diese Spannung betrifft noch einmal in Sonderheit den heiligen Narren, der im dogmatisch wie emotional hochbefrachteten religiösen Kontext auftritt und die Orthodoxie in doppelter Weise herausfordert: als Kritiker an den bestehenden sozioreligiösen Verhältnissen bzw. Glaubensüberzeugungen und als radikal andere, gewissermaßen übernatürlich verzerrte Erscheinung des Göttlichen in der Welt. Denn der heilige Narr ist zugleich ein närrischer Mystiker. Von der Norm abweichendes Verhalten verbindet sich mit dem Anspruch der Gottesunmittelbarkeit. Bereits durch die bloße Existenz einer solchen Gestalt werden die religiösen Fundamente erschüttert und die sich im Besitz der Wahrheit wähnenden religiösen Autoritäten in Frage gestellt.

Um den heiligen Narren und die Funktion des närrischen Humors in Stockhausens LICHT-Zyklus soll es im Folgenden gehen. Neben einem knappen Überblick über die Erscheinungsweisen und die Funktionen des Komischen in LICHT wird ein Schwerpunkt auf der Komposition SYNTHI-FOU liegen, dem ‚Finale' von DIENSTAG aus LICHT, das auch als selbständiges Werk quasi-konzertant aufgeführt werden kann.[3] Die musikalisch-szenischen Phänomene werden vor einem breiten religionsgeschichtlichen Hintergrund gedeutet und beides abschließend in der Stockhausenschen Interpretation des heiligen Narren, dem *astronischen Fou*, zusammengeführt.

---

[3] SYNTHI-FOU wurde vom Stockhausen-Verlag in folgenden Versionen veröffentlicht: Als Teil von DIENSTAG aus LICHT beschließt die Komposition den 2. Akt der Oper (INVASION – EXPLOSION MIT ABSCHIED) und wurde 1990/91 mit der Nr. 61 in den Werkkatalog aufgenommen. Einzelausgaben für quasi-konzertante Aufführungen sind DIENSTAGS-ABSCHIED (Werk Nr. 61⅔ (1991), für Chor (Dir.), einen Spieler elektronischer Tasteninstrumente, Elektronische Musik, Klangregisseur) und SYNTHI-FOU als KLAVIERSTÜCK XV (Werk ex. 61⅔ (1991), für einen Spieler elektronischer Tasteninstrumente, Elektronische Musik, Klangregisseur). Veröffentlicht wurden die Komposition auf folgenden CDs der Stockhausen Gesamtausgabe: Nr. 40A/B (Gesamteinspielung von DIENSTAG), Nr. 42A/B (als KLAVIERSTÜCK XV und DIENSTAGS-ABSCHIED, inkl. Solo-Studienversion und Erläuterung der Klangfarben) und Nr. 82 (KLAVIERSTÜCK XV, Version mit neuen Klangfarben) /www.stockhausenCDs.com.

I. Der närrische Humor in LICHT

1. Ein närrischer Gottessohn

Zum Ende der ersten Szene des 3. Aktes von DONNERSTAG poltert der gefallene Engel Luzifer: „MICHAEL, Narr! Menschnarr / Menschennarr, Narr! / Heimgekehrt ... Dich über Deinen Bruder zu amüsieren!"[4] Ganz offensichtlich ist Luzifer *not amused* über die unter Jubel begangene Rückkehr seines Bruders Michael in die himmlische Lichtheimat. Michael nämlich handelte ganz als gehorsamer Sohn seines göttlichen Vaters – dessen Existenz von Luzifer vehement bestritten wird –, als er sich als Kreator-Engel des hiesigen Universums inkarniert hat[5], um als Mensch unter den von Luzifer verführten Menschen zu leben. Dazu hat er sich freudvollen wie schmerzhaften Lebens- und Lernerfahrungen ausgesetzt und ist durch Tod und Auferstehung hindurch gegangen.[6]

DONNERSTAG lässt ihn eine irdische Existenz erleben und in einem gewissen Rahmen auch erleiden. So ist Michaels Leben ein Weg des Lernens und zunehmender Bewusstwerdung. Ein spirituelles Wesen gibt sich in die Dimensionen von Raum, Zeit und Materie hinein und setzt sich dem Prozess des Lebens aus. Dabei wirkt er im 1. Akt in MICHAELS JUGEND wie ein Parzival, ein Urtypus des unwissend erleuchteten Narren: In seinem Erstaunen angesichts von Tod und Erotik liegt naive Unschuld; er handelt spontan und ohne Furcht, im Geiste fröhlich und im spirituellen Sinne einfältig. In EXAMEN dann erfolgt im Rückblick zugleich eine Bewusstwerdung seines bisherigen kindlichen Lebensweges sowie die Bewäh-

---

[4] *Texte 5*, S. 461.

[5] Ebd., S. 479.

[6] In der Ausgestaltung dieser und anderer Figuren zeigt sich Stockhausen immer wieder deutlich durch das 1955 erstmals in den USA publizierte *Urantia Book* inspiriert, ohne in seinem Opernzyklus LICHT der Vorlage im Detail zu folgen. Dazu u. a.: *Bandur 2004, Ulrich 2011*.

rung dessen, was er von seinen Eltern gelernt hat – ein notwendiger Schritt zur Reifung und Individuation, die ihn im 2. Akt auf die lange REISE UM DIE ERDE vorbereitet. Auf dieser lebt er gleichsam ein globales menschliches Leben, entdeckt und verwirklicht sich selbst in einem facettenreichen weltmusikalischen Prozess. Als Frucht dieses Prozesses wird er im 3. Akt als Kreator-Engel inthronisiert (MICHAELS HEIMKEHR). Durch seine Inkarnation hat er die volle Herrschaftsgewalt über seine Schöpfung gewonnen, so kann er gleichsam als göttlicher Ritter den teuflischen Gegner in einem DRACHENKAMPF besiegen. Indem er in die Fülle des Seins eintaucht und sich dem Fluss des Lebens überlässt, ist er in allen Phasen seiner Existenz eins mit Gott.

Luzifer, der ebenfalls ein Gottessohn und ein überlegenes Geistwesen ist, ist abgestoßen von dem großen Schöpfungsexperiment mit den „ekelhaften Bastarde[n] / aus Tieren und Engeln". Er versteht nicht, wieso Michael sich so um diese „krüppeligen [Menschen]Kindlein" müht.[7] Ihn widern die ganze „Wiedergeburtsmaschine" und „all die Spielereien / mit gequälten Kreaturen, / mit diesen maladen Halbwesen" an. Bedauern mischt sich mit Verachtung. Der Mensch sei eine Ausgeburt und der Plan seines Aufstiegs durch Tod und Wiedergeburt total pervers.[8] Seine Anklage kulminiert in einer Tirade: „MICHAEL, Du bist naiv! Du bist ein Narr! [...] / Du bist ein naiver Narr!! / Du Naivling – / Du bist ein hoffnungsloser naiver Narr!! Ein Narr!"[9] Diesen Anwurf endlos wiederholend, verlässt Luzifer schließlich das himmlische Festival, das er gestört hat.

Luzifer[10] geriert sich als spiritueller Extremist, der die göttliche Einheit und Güte *allen* Seins verneint. Er akzeptiert nur reine Geistigkeit und die Harmonie vollkommener, immaterieller Schwin-

---

[7] *Texte 5*, S. 463.

[8] Ebd., S. 464.

[9] Ebd.

[10] Vgl. zum Folgenden Stockhausens Charakterisierung von Luzifer in *Frisius 1996*, S. 231f und 292, 300-314 sowie *Texte 6*, S. 416-419.

gungen. Allerdings entwickelt sein hybrider Rationalismus geradezu magische Züge und das gleißende Licht seines Verstandes
wirft überall tiefe Schatten. So ist die Dialektik sein eigentliches
Metier, er verkörpert gewissermaßen das Widerspruchsprinzip,
freilich ohne die Absicht zur Synthese. Stattdessen treibt er den
Prozess der Spaltung bis ins Unendliche, zergliedert alles Lebendi-
ge und Organische in quantifizierbare Partikel und isolierte Punk-
te. Die beziehungslosen Fragmente presst er in eine sterile monisti-
sche Ordnung ohne Liebe, die in die totale Entropie führt. Sein letz-
tes Ziel ist die Auflösung von Raum und Zeit, von allen Formen –
das Nichts, die Leere.[11] Unentschieden und launisch, ist er zu wahrer Hingabe an etwas oder jemand anderen unfähig. In seiner intel-
lektualistischen Arroganz und narzisstischen Selbstbezüglichkeit
(Egoität in ihrer höchsten, pervertierten Form), muss er auf die
Menschenliebe Michaels mit Spott, Abspaltung und schließlich
Aggressionen und Vernichtungsphantasien reagieren. Er will den
wechselvollen Prozess des Lebens nicht, er will keine Genese, keine
Inkarnationen, kein Spiel mit banalen Formen.

Gleichwohl hält er sich nicht aus diesem Spiel heraus. Indem er
sich in den Schöpfungsvorgang einmischt und mit-zeugt[12], mani-
puliert er den ursprünglichen Plan mit dem Ziel, den evolutionären
Prozess zu stören (und sei es durch eine radikale Beschleunigung)
und die materielle Welt zu verderben. Sie soll nicht ein unendlich
facettenreicher Spiegel Gottes, sondern Abbild seiner verzerrten
luziferischen Projektionen werden. Weil das Niedrige, Sinnliche
und Deformierte ein Spiegel seiner eigenen Unbewusstheit ist,[13] ist
er diesem, auch in Form bösartiger Komik, durchaus zugetan. In

---

[11] Vgl. *Ulrich 2004*, S. 79f, wo Luzifer sehr treffend als fanatischer Moralist
charakterisiert wird, der sich schließlich sogar selbst negieren und auslö-
schen muss, um dem Diktat der totalen Reinheit in letzter Konsequenz
entsprechen zu können.
[12] *Texte 5*, S. 479.
[13] Vgl. Stockhausen in *Frisius 1996*, S. 300: „[...] Luzifer geht hin und her –
so wie er sich auch immer für das Unregelmäßige interessiert."

DONNERSTAG stiftet er während des himmlischen Festivals Unruhe in Gestalt eines aggressiv steppenden, Posaune spielenden Toreros. In MONTAG agiert er in der Inkarnation des misogynen Luzipolypen, einer Monstrosität aus zwei verwachsenen Körpern: ein teuflischer Zwillings-Clown, ein unheiliger Narr, dessen Witz maskierter Hass ist – zugleich eine schrecklich unterhaltsame Erscheinung. In FREITAG verführt Luzifer in der Gestalt seines Abkömmlings Ludon (bzw. dessen Sohn Kaino) Adams Frau Eva und provoziert dadurch einen KINDERKRIEG und die Entstehung von hybriden Wesen, die am Ende allerdings in einer reinigenden Flamme transfiguriert werden. SAMSTAG hingegen wünscht er in LUZIFERS TRAUM zunächst, die Zeit und den Menschen auszulöschen und lässt sich schließlich doch von seinem ‚Hauspianisten' durch die Musik verzaubern. In LUZIFERS TANZ zelebriert er die grimassenhafte Verzerrung des menschlichen Antlitzes aus dem Geist der Verneinung und zugleich als notwendigen Durchgang auf dem Weg zur Erleuchtung und Erlösung. So erweist sich Luzifer schließlich oft ungewollt als eine Kraft, die die Evolution von Geist *und* Materie vorantreibt.

Michael ist sich wohl bewusst, dass seine Liebe zu Erde und Menschen angesichts des heiklen und schmerzhaften Entwicklungsprozesses, der den hinfälligen Kreaturen zugemutet wird, unvernünftig, ja närrisch erscheinen muss: „[…] ich weiß, daß viele von Euch mich verlachen, / wenn ich Euch singe: / Ich habe mich unsterblich in die Menschen, / in diese Erde und ihre Kinder verliebt […]."[14] Seine Hingabe an die Menschen kennt in der DONNERSTAG-Szene VISION keine Grenze, geht bis zur völligen Identifikation: „Ich wollte wissen, was es ist, ein Mensch zu sein. / Ich wollte alles spüren, was ein Mensch nur spürt. / Ich hab des Menschen Leid, das Kleine an ihm, das Lächerliche erlebt. / Ich habe seine Kindlichkeit und seine Freude, sein Glück gefühlt."[15] Michael ist bereit, sich immer wieder ernsthaft zum Narren zu machen und

---

[14] *Texte 5*, S. 481.
[15] Ebd., S. 479.

närrisch zu hoffen und zu lieben, Luzifer und Satan zum Trotz. Er ist bereit, ganz unvernünftig daran zu glauben, dass die Welt, wie sie ist, einerseits immer schon ganz und gut ist und dass andererseits der Prozess der Schöpfung durch alle Krisen und Katastrophen hindurch in Gott – im Licht – geschieht und auch immer weiter fortschreiten wird, in einer Vollendung *ad infinitum*.[16]

2. Funktionen des Humors in LICHT

Das närrische Element bleibt nicht auf die Figur des Michael beschränkt. In Form von komischen, bizarren, irritierenden und mehrdeutigen Erscheinungen durchzieht es den gesamten LICHT-Zyklus und verschont auch keine der anderen Protagonisten. Stockhausen spielt diesbezüglich auf einer breiten Klaviatur. Selbst den hochamtlich geprägten SONNTAG charakterisiert im Umgang mit dem Heiligsten (z. B. den Engeln) eine spielerische Heiterkeit. Liegt es so fern, bei den zwitschernden Engeln der ENGEL-PROZESSIONEN an das christliche Osterlachen zu denken? Oder an einen polyglotten Alleluja-Jubilus? Und erinnern die skurrilen Klänge der LICHT-BILDER nicht manchmal an kleine lautmalerische Porträts in der Tradition von Joseph Haydns SCHÖPFUNG?

Der LICHT-Humor umfasst aber auch die kindlichen oder derben Momente des MONTAG (Tiermenschen, Heinzelmännchen; *Baby-Buggy-Boogie*; Hitlers Entsorgung im Toilettenbecken), die grellen Big-Band-Dämonien in SAMSTAG, den polternden Hausmeister-Klamauk vom MITTWOCH oder die ‚polymorph-perversen' Sphären in FREITAG, die sich um Sinn- und Geschmacksgrenzen nicht scheren. Schließlich gibt es da viele Insider-Gags, die wie reiner Non-

---

[16] Vgl. ebd., S. 479-480. S. a. *Texte* 6, S. 419: „Gott ist also ein Einziges – einziger Geist eines Prozesses zunehmender Bewusstwerdung, bewusster Ausprägung, Ausformung. Das ist ein Mysterium, das wir nicht begreifen können: wie man so universell intelligent sein kann und gleichzeitig sich weiter vervollkommnen kann."

sens wirken (z. B. den Auftritt einer mysteriösen alten Frau beim FESTIVAL in DONNERSTAG). All diese Elemente lassen sich gleichsam als unterschiedliche ‚Tonarten' oder ‚Tonhöhen' des Humors identifizieren, die von Stockhausen aus demselben seriellen Geist integriert und moduliert werden wie Rhythmen, Klangfarben oder Lautstärkegrade: „Eines Tages wird man erkennen, das LICHT ein Tanz des Humors ist."[17]

Zur Erklärung dieser eigenwilligen Einfälle behilft man sich oft mit Herleitungen aus der Dada- oder Fluxus-Bewegung, vielleicht auch, um als zweifelhaft oder peinlich empfundene Scherze wenigstens mit einem kunstgeschichtlich anerkannten Begriff zu adeln. Dada und Fluxus verstanden sich allerdings als nihilistische Anti-Kunst, die den totalen Zweifel an den kulturellen Werten und Idealen artikuliert. Sie waren Revolten gegen das Establishment. Dualistisch grenzten sie sich vom Bestehenden ab, das sie aggressiv bekämpften, um es letztlich zu beseitigen.[18]

---

[17] *Texte 6*, S. 289.

[18] Im Stockhausenschen Sinne handelt es sich um eine ‚luziferische' Kunst. Interessanterweise wurde der Komponist von diesen Tendenzen aber auch berührt. So hat Stockhausen bereits 1961 versucht, den noch embryonalen Geist des Fluxus in sein Werk ORIGINALE, eine szenische Version seiner Komposition KONTAKTE, zu integrieren. Mary Bauermeister berichtet in ihrer Biographie, dass es dem Komponisten durchaus nicht leicht fiel, die totale Freiheit – die von den Interpreten der Kölner Aufführungen durch unkalkulierbare Aktionen eingefordert wurde – mit seinen eigenen Vorstellung einer genau durchgestalteten Performance zu verbinden: „Er wollte Freiheit und Professionalität in einem. [...] Vieles, was die Fluxus-Künstler später trieben, lässt sich als Ableger dieses Stückes verstehen [...]." (*Bauermeister 2011*, S. 73-75, Zitat S. 75).
Ebenso aufschlussreich ist es, dass die Wiederaufnahme des Stückes 1964 als Happening in New York durch Sabotageakte amerikanischer Fluxus-Künstler gestört – oder soll man sagen: bereichert? – wurde, da Stockhausen ihnen als Inbegriff des kulturellen, eurozentrischen Imperialismus galt (ebd., S. 161-168).

Stockhausens tiefem Glauben an eine zwar pluralistisch aufge-
fächerte, letztlich aber in Gott gegründete hierarchische Ordnung
widerspricht eine solch negative, radikal-anarchistische Auf-
fassung ebenso wie seiner romantischen Sehnsucht nach der *fremden Schönheit*, von der jedes seiner Werke ein unwiederholbares
Abbild sein möchte.[19] Diese Schönheit ist immer das Ergebnis bewusster Formung – eine positive Setzung in einem Gestaltungs-
Spiel. Darum hat der närrische Humor in LICHT im Letzten eine
aufbauende und erleuchtende, keine zerstörerische Funktion. Er
erscheint selten eindeutig und pur, sondern oft, wenn man so will,
intermoduliert mit dem Heiligen, Festlichen, Hochbedeutsamen
und Wunderbaren.[20] Die ENGEL-PROZESSIONEN sind ein liturgi-
scher Karneval im Himmel, eine Vereinigung von Numinosem und
Kuriosem. Und wie der Karneval, so hat auch der närrische Humor
in LICHT eine geistliche, vertiefende und im Grunde bestätigende
Aufgabe. Es ist ein heiliger Humor, selbst wenn er sich alberner
oder sogar unheiligster Erscheinungsweisen bedient.[21] Auch die

---

[19] *Texte 8*, S. 584: „Darüber hinaus sollte man alles dafür tun, dass die Musik
sich wirklich erneuert durch die Mittel, die die jeweils moderne Techno-
logie zur Verfügung stellt, um differenziertere, originellere Klangwelten zu
schaffen – koordiniertere, kohärentere, balanciertere, abenteuerlichere, ge-
heimnisvollere, phantastischere: alles Begriffe, die angeben, wozu die
Technik eigentlich dient. Schönheit, die fremd ist: *Fremde Schönheit*." Vgl. a.
Texte 9, S. 375-383.

[20] Dazu Stockhausen: „‚Humor und das Sublime': ja, GOTT sei Dank gibt
es das immer wieder in meinen Werken. Das geschieht, man kann es nicht
wollen. Innerlich lachen oder lächeln oder schmunzeln können aber eigentlich nur fröhliche Geister." (*Liebe ist die Musik des Lebens*. Schriftliche
Fragen, die Juan María Solare am 13. August 2002 schickte, beantwortet
am 27. August 2002. Archiv der Stockhausen-Stiftung).

[21] Stockhausen distanziert sich deutlich von Sarkasmus, bitterer Ironie
und ätzender Komik, wie er sie im Werk mancher Kollegen erkennt: „[...]
ich bin in meinem ganzen Leben in der Musik noch nicht ironisch gewesen. Das kann ich gar nicht." (*Stockhausen 1998*, S. 5) „Sich zum Beispiel
lächerlich zu machen über ein Genie – Beethoven zu charakterisieren als

Zügellosigkeiten des Karnevals und der Freigeist des Narren leben davon, dass sie sich zwar über das Allerheiligste lustig machen dürfen – wie z. B. in den Narrenmessen des Mittelalters mit ihren Zoten und Blasphemien –, dies aber nur zeitlich begrenzt und im Rahmen der bestehenden heiligen Ordnung tun. Diese Ordnung hat eben auch für das Aberwitzige und Verdrehte einen Platz, wo es Gott in verborgener Weise dient.

Welche Funktionen hat der Humor in LICHT?

LICHT ist kein Traktat, sondern pralles Theater, das von einem Freund des Kölner Karnevals komponiert wurde. Der Humor dient zunächst ganz einfach dem Vergnügen und der Entspannung. In ihm spiegelt sich wohl auch der Spieltrieb eines ‚inneren Kindes'. Er ist wider den tierischen Ernst, der gerade bei hohen Themen schnell pathetisch und unfreiwillig komisch wird. So entgeht LICHT der Gefahr, zu einem multireligiösen Bühnenweihfestspiel zu werden.[22] Stockhausen hat sich zum Humor in der Musik dezidiert positiv geäußert und sein Unverständnis und Bedauern darüber zum Ausdruck gebracht, dass das Publikum oft nicht in der Lage sei, diesen Humor zu erkennen und zu genießen.[23] Das gilt auch in handwerklicher Hinsicht: Zu Stockhausens Lust an der produktiven Anarchie und Provokation gehört der befreiende Ausbruch aus der selbstverordneten kompositorischen Strenge, durch die Kunst ansonsten schnell den Geruch des Sterilen, Gekünstelten annimmt:

---

einen Elefanten, der scheißt –, ist ja nicht humorvoll. Das ist wirklich nicht mehr zum Lachen, obwohl nahezu alle Intellektuellen bei solchen Aufführungen kicherten. Dann ‚springt einer über Bord' – wie man so schön sagt. Sarkasmus und bittere Ironie sind da die Grund-Lebenshaltung. Die Leute lachen zwar, aber ich habe bei so etwas immer empfunden: wenn die Pferde wiehern, dann sieht man die bleckenden Beißzähne. Gruselig." (*Texte 6*, S. 291).

[22] Vgl. *Peters 2004*, S. 175.

[23] Vgl. *Texte 6*, S. 279-292, wo der Komponist zahlreiche Beispiele für humorvolle Episoden in seinem LICHT-Zyklus und anderen Werken anführt.

„das müsstest du eigentlich können, das müsstest du dir eigentlich erlauben dürfen!"[24]

Solche Grenzüberschreitungen fordern den Intellekt heraus. Sie erzeugen Öffnungen im vermeintlich geschlossenen Kompositions- bzw. Glaubenssystem. Der Humor sorgt dafür, dass der Verstand für einen Moment innehält. Er nötigt diesen dazu, alle scheinbar fixen Begriffe und Erscheinungen fortlaufend zu transzendieren. Die närrischen Störungen sorgen für Desillusionierungen und Irritationen, die Pseudogewissheiten und hohle Glaubenssätze entlarven. Darin liegt ein Moment der Verunsicherung, aber auch ein Moment der Befreiung, ja der Erlösung (im Sinne eines erlösenden Lachens).[25]

Diese Freiheit weist über die immanente Sphäre hinaus in einen transzendenten Bereich, der anderen Gesetzen gehorcht. Die närrischen Momente deuten auf das ‚ganz andere', das in LICHT in immer neuen Maskierungen bzw. Inkarnationen erscheint. „Diese

---

[24] Als Stockhausen bei der Fertigstellung von ELEKTRONISCHE STUDIE I die Nachricht von der Geburt seiner Tochter Suja erreichte, baute er spontan einen „Kanonendonner" in die Komposition ein (*Texte 6*, S. 324f). Auch sonst spielen in seinem Werk zum Teil umfangreiche Einschübe in Gestalt von mobilen bzw. aleatorischen Momenten oder frei komponierten „Brücken" zwischen den strenger determinierten Formteilen eine wesentliche Rolle.

[25] Dazu Stockhausen: „Und es geschehen dann noch während der Aufführung einige Ereignisse, die sehr ungewöhnlich sind, die plötzlich den Zusammenhang brechen. Es passiert immer wieder, wenn ich eine Szene komponiere, daß ein Moment kommt, bei dem ich spüre, jetzt muß etwas geschehen, was weder ich noch jemand anderes aus dem Zusammenhang erwartet. Und tatsächlich sind das Einbrüche ins Logische, auch Einbrüche in den Raum, Einbrüche in den Zusammenhang der Interpreten, die einen zurück auf Null bringen, und von dem Moment an kann man dann, wenn man das erst einmal aufgenommen hat, wieder frisch weiter hören und sehen." (*7 x LICHT im Rundfunk*. Stockhausen im Gespräch mit Reinhard Ermen am 16. Oktober 2003 für den 3. Teil MITTWOCH aus LICHT, der in zwei Abschnitten am 23. und 30. Oktober 2003 vom SWR Baden-Baden gesendet wurde. Archiv der Stockhausen-Stiftung).

Andersheit lässt sich nicht mit gewöhnlicher Sprache und gewöhnlichen Bildern fassen, sie kann nur angedeutet werden. [...] Menschen, die versuchen, dieses Andere wahrzunehmen, sind wie jemand unter Wasser, der hinaufsieht zu dem, was über der Wasseroberfläche ist: Er wird dies unweigerlich grob verzerrt wahrnehmen. Das Groteske bringt diese Verzerrung zum Ausdruck. Die heilige Narrheit macht durch ihre grotesken Züge deutlich, wie die Andersheit in das gewöhnliche Leben einbricht, zeigt aber auch ihre Unmöglichkeit, dieses Andere in den Kategorien der normalen Realität zu fassen."[26] Damit ist der geistliche Sinn des Humors angedeutet. Auch Stockhausen geht es in LICHT ja weniger um eine parodistische Auseinandersetzung mit der immanenten Wirklichkeit als darum, eine verborgene transzendente Wirklichkeit zu spiegeln. Seine Musik soll ein „Klangspiegel" Gottes sein[27] und auf diese Weise gleichsam das unsichtbare und unhörbare Absolute (das ‚göttliche Schwingungsmuster') in den Bereich der menschlichen Wahrnehmung transponieren.

Unter dieser Prämisse dürfen auch alle inhaltlichen, dramaturgischen und szenischen Arrangements von LICHT im Sinne von Klangspiegeln Gottes gedeutet werden, zumal auch sie von Stockhausen häufig musikalisch aufgefasst und nach seriellen Prinzipien komponiert wurden: Tanz, Gestik, Mimik, Raumbewegungen, Farben, Düfte etc. „Das heißt: Anstatt daß die närrische Gegenwelt als eine deformierte Spiegelung *dieser* Welt aufgefasst wird, kann sie nun als verzerrter Anblick einer *anderen* Welt gesehen werden."[28] Der närrische Humor ist also eine verzerrte Spiegelung einer fremden Wirklichkeit, die unter den Bedingungen des Diesseits gar nicht anders zur Darstellung kommen kann als in einer komischen, verdrehten Weise – als totale Kontrasterfahrung, als Manifestation

---

[26] *Berger 1998*, S. 222.
[27] Vgl. dazu ein Interview mit Felix Schmidt am 21. 3. 1994 in Kürten: *Hört Gott Stockhausen?* Teil 1 publiziert am 19. Juni 1994 in der Zeitung *Die Welt* (Archiv der Stockhausen-Stiftung).
[28] *Berger 1998*, S. 229.

eines ganz Anderen, dem hier und jetzt in reiner Gestalt zu begegnen, den Menschen nicht selig entrücken, sondern möglicherweise einfach verrückt machen oder gar vernichten würde: Semele verglühte, als Jupiter sich ihr unverhüllt in seiner wahren Blitz-Gestalt zeigte.[29]

So funktioniert der Humor vergleichbar der umgekehrten Perspektive einer byzantinischen Ikone: als Alteritäts-Markierung für die Gegenwart von etwas, das eigentlich nicht von dieser Welt ist.[30] Der Apostel Paulus drückt es so aus: „Jetzt schauen wir in einen Spiegel und sehen nur rätselhafte Umrisse, dann aber schauen wir von Angesicht zu Angesicht. Jetzt erkenne ich unvollkommen, dann aber werde ich durch und durch erkennen, so wie ich auch durch und durch erkannt worden bin" (1 Kor 13,12). Der närrische Humor und all das, was in LICHT so seltsam anmutet, ist mithin ein besonderer Modus (bzw. eine Erscheinungsweise) des Göttlichen.

Die Komik in LICHT widersetzt sich auch allzu schnellen Erklärungen der Interpreten. Denn vor allem dann, wenn man meint, die ‚Botschaft' und den tieferen Sinn von LICHT verstanden zu haben, platzt mitunter etwas Profanes oder Abseitiges in die Szene hinein und stört. LICHT hat eine Nicht-Botschaft (was nicht heißt, dass es gar keine Botschaft gäbe!). Will man sie aber benennen und auf einen letzten Begriff bringen, entgleitet sie einem. Der Nonsens fungiert als ein Verweis auf einen höheren, nur intuitiv erfassbaren Sinn, der nicht rational, sondern allenfalls poetisch artikuliert werden kann. In dieser Hinsicht funktioniert der Zyklus wie ein Zen-koan. Der koan ist ein Gleichnis oder Rätsel, das nicht mit dem Verstand zu lösen ist, z. B. „Welche Farbe hat der Wind?" Abhängig von der Situation und dem Bewusstseinszustand des Schülers, dem der koan aufgegeben wurde, kann ein und dieselbe Lösung (die stets indirekt bzw. absurd formuliert wird) das eine Mal richtig und ein anderes Mal falsch sein. „Viele Beispiele des koans lassen

---

[29] Vgl. Ex 33,20: „Weiter sprach er [Gott]: Du kannst mein Angesicht nicht sehen; denn kein Mensch kann mich sehen und am Leben bleiben."
[30] Zur Alteritätsmarkierung in der Kunst vgl. *Norähofen 1993*, S. 7-35.

sich als Witze bezeichnen. Der Zweck besteht immer darin, die Realität zu ‚dekonstruieren' und so zu einer befreienden Erleuchtung zu gelangen."[31]

Statt formaler Logik und eindeutiger Semantik gibt es in LICHT polyphone Sowohl-Als-Auch-Vieldeutigkeiten, die der dynamischen, oft auch als widersprüchlich erfahrenen Wirklichkeit des Lebens sicherlich gerechter werden als das schwarzweiße Entweder-Oder-Denken. Gott lässt sich nicht auf eine lineare Gleichung bringen und die Welt nicht auf eine Zahl reduzieren. Nicht zuletzt bedingt durch den begrenzten Standpunkt der Betrachtenden erscheinen Gott und Welt häufig unheimlich und paradox – und eine Kunst, die in die Tiefe dieser Paradoxie hinein spürt, entwickelt notwendig ebensolche Züge: „Das Geistige, vernünftig Gemachte, vom Denken gelenkte Tun wird zum Geistlichen, wenn es jäh und immer unverhofft umschlägt ins Unvernünftige: wenn es in den Drähten einer Konstruktion zu spuken beginnt. Im Geistlichen steckt immer auch das Unerklärte, das man auf sich nimmt, um es zu bewältigen"[32], so der Komponist.

Humor wirkt in diesem Sinne auch als Verfremdungs-Effekt und als solcher sorgt er für eine gewisse Distanz, die eine Einfühlung in das Geschehen erschwert. Man bleibt disidentifiziert und in der Rolle des bewussten Beobachters, der ein irdisch-himmlisches Spiel verfolgt. Denn um Komik überhaupt zu erkennen, ist „eine Abstraktion von der tragischen Dimension der menschlichen Existenz" die Voraussetzung.[33] LICHT ist keine antike Tragödie. Die suggestive Teleologie der aristotelischen Dramenkonzeption ist ebenso aufgegeben wie die Einheit von Personen, Handlung, Ort und Zeit. An die Stelle von konventionellen Handlungen treten stilisierte Rituale mit zyklischer oder spiralförmiger Struktur. Weil der eigentliche Träger des Geschehens die Musik ist, werden die Aktionen häufig zugunsten der musikalischen Entfaltung ent-

---

[31] *Berger 1998,* S. 51.
[32] *Texte 2,* S. 249.
[33] *Berger 1998,* S. 248.

schleunigt und stehen damit nicht mehr unter dem Diktat einer schicksalhaften Notwendigkeit; Einschübe sorgen für weitere Unterbrechungen der Prozesse und markieren eine grundsätzliche Offenheit der Struktur.[34]

Auch haben die Figuren und Szenen meist einen allegorischen oder emblematischen Charakter. Weil der Zyklus kein Psychodrama ist, fehlen die üblichen Affekte und Pointen, so dass sich kaum kathartische Wirkungen einstellen. Kann man Michael wirklich wie einen klassischen Helden bewundern, Eva herzlich lieben oder Luzifer für seine Bosheit verabscheuen? Berührt ihr Geschick? Den kriegerischen zweiten Akt von DIENSTAG kann man politisch inkorrekt als durchaus unterhaltsame *Battaglia* hören, also als einen abstrakt komponierten ‚Krieg in der Musik'. Ohne die anschließende PIETÀ (für Sopran und Flügelhorn) gäbe es da praktisch keinen Raum für Mitgefühl. Doch ist auch dieses Stück nicht eigentlich eine Klage, die wie ein barockes Lamento zur inneren Einstimmung einlädt. Zwar kann man in der Vierteltonchromatik, den klagenden Glissandi und ‚Schluchzern' des Instrumentalparts eine Musik vernehmen, in die gleichsam das Weinen der ganzen Welt in all seinen ‚Dialekten' Eingang gefunden hat. Aber dieses Weinen wird ebenso wie der Tod transzendiert und die Szene durch den hoffnungsvollen Gesang in eine Auferstehungsvision verwandelt (und in dieser Perspektive klingen die ‚Klagelaute' dann plötzlich regelrecht jubilierend). In diesem Sinne ist die PIETÀ mehr eine vielschichtige *Betrachtung* denn eine Ausdrucksmusik. Trotzdem kann man von diesem ‚fernen Spiegel der Passion' ergriffen sein: vom melodischen Reichtum und den unerhörten Klanggestalten, von ihrer kunstvollen Komposition, ihrer *fremden Schönheit*.[35]

---

[34] Vgl. *Frisius 1996*, S. 337-344, bes. S. 339. Diese Abkehr von den klassischen Erzählmustern der Tragödie kann hier nur angedeutet werden; zur Metaphysik der Tragödie *Ette 2011*.

[35] *Texte* 9, S. 158: „[...] für PIETÀ für Sopran, Flügelhorn und Elektronische Musik – eine Szene vom DIENSTAG aus LICHT – hatte ich die Idee, dass nach der Verwundung eines Trompeters die Sopranistin in dem Verwun-

Aus dieser nicht-tragischen Perspektive können sogar die die konfliktreiche kosmische Evolution und das wechselvolle Geschick jedes Menschen als *Spiel* betrachtet werden – trotz Luzifer.

Wird in LICHT aber über manche Abgründe des Daseins nicht doch zu schnell hinweg gelacht? Oder werden gerade dadurch falsche Sentimentalitäten und moralische Besserwisserei heilsam entlarvt? In der Szene MONDEVA, die MICHAELS JUGEND abschließt, turtelt Michael mit dem fabulösen Sternenvogelmädchen Mondeva, während seine Mutter Eva in einer Heilanstalt von einem Arzt getötet wird und der Vater Luzimon an der Front fällt. Das alles ereignet sich simultan und nebeneinander auf der Bühne. Die letzten wehevollen Rufe der Mutter und die ideologischen Phrasen des Vaters sind polyphon verschlungen mit dem erotisch-musikalischen Spiel von Michael und Mondeva.

Diese Gleichzeitigkeit von unschuldigem Humor und blankem Terror wird nicht kommentiert, sondern in seinem So-Sein vorgestellt und erzeugt gerade dadurch eine ungeheure Spannung. Leben und Tod, Liebe und Leiden, Mystik und Dämonie erscheinen auf engstem Raum verdichtet. „Für mich ist die Welt gültig, die ich sehe, die ist", so der Komponist.[36] Diese Spannung ist umso größer, als von ferne UNSICHTBARE CHÖRE um die Szenerie herum einen transzendenten Klanggrund weben, in dem sich Michaelisches (heilige Texte) und Luziferisches (Zahlenworte) durchdringen. Aus dem Einsatz der unsichtbaren Stimmen nach dem Tod der Eltern

---

deten den Gottessohn MICHAEL erkennt und uns Zuhörer durch eine tröstende Weise – auch durch die Worte, die sie singt – den Tod transzendieren lässt. Es geschieht durch eine Frau, die zu einem bestimmten Moment in ihrem Gesang als EVA erkennbar wird – als Lebensgeist – und in ihrer Beziehung zum Menschensohn, der seinen Körper verlässt. Sie singt hoffnungsvoll und schön. Am Schluss ist man ganz ergriffen und möchte selbst mitsterben und mitfliegen. Es ist so, dass ihre Worte aus der Musik geboren werden."
[36] *Stockhausen 1996, S. 64.*

kann man sowohl ein mitfühlendes Seufzen wie auch selige Entrückung heraushören.

Spricht aus solchen offenen Darstellungen, die ja auch Momente aus Stockhausens eigener Kindheitsbiographie reflektieren, Abgeklärtheit oder die Verdrängung von Gefühlen? In EXAMEN wird Michael sich diese schmerzvollen Episoden seiner Biographie noch einmal vergegenwärtigen; seine Partie wie auch die ganze Szene sprechen von großer emotionaler Spannung, wenn er den Wahnsinn seiner Mutter oder die ambivalenten Wesenszüge seines Vaters in seiner eigenen Person durchlebt – aber nicht, um daran zu zerbrechen, sondern um sie künstlerisch in Gesang, Trompetenspiel und Tanz zu verwandeln. Die Kraft der Liebe und der Poesie, die ihn Mondeva gelehrt hat, befähigt ihn dazu. Michael wird sich durch die Leiderfahrungen hindurch seiner selbst bewusst und erkennt seine Berufung. In seiner Kunst wird die Ganzheit der Welt, die in Heiles und Unheiles zu zerfallen scheint, zurückgewonnen und sein persönliches Lebensschicksal in die Sphären von Spiel und Schönheit erhoben.[37]

Oberhalb von dem, was landläufig als gut und böse angesehen wird, existiert ein höheres, göttliches Gutes, das alles in sich begreift. Deswegen muss LICHT im Ganzen ein humorvoller Tanz sein, bei dem auch Luzifer seinen Part übernimmt. „Auf hintergründige Weise verweist so alle Verkehrung LUZIFERs auf die Vollkommenheit dessen, was ist – je mehr man das sieht, um so mehr löst sich die Spannung, die der moralische Kritiker, der antiautoritäre Ideologe LUZIFER erzeugt, ins Lachen. [...] Deshalb ist [das Böse] radikal unterschieden und doch auch eingebettet in den *einen* guten Zusammenhang des Seienden."[38]

---

[37] *Ulrich 2004, S. 76.*
[38] Ebd., S. 81.

II. Der Heilige Narr

1. Jesus von Nazareth, christlicher Archetyp des heiligen Narren[39]

M ichael ist also ein Gottessohn, der sich zum Narren macht – für das Christentum ist das eine gängige Vorstellung. Paulus sprach angesichts im ersten Brief an die Korinther von den Aposteln als „Toren um Christi willen" (4,10). Sie machen sich lächerlich, weil sie für ihre Mission Heimatlosigkeit, Armut, Spott und Prügel erdulden. Ihre soziale Randexistenz ist ein groteskes „Schauspiel geworden für die Welt, für Engel und Menschen"[40]. Dass ein Gott Mensch wird, in einem sterblichen Körper unter den Menschen weilt und dass durch seine erlösende Tat alle Menschen Anteil an seiner leiblichen Auferstehung haben, mutete den philosophisch gebildeten heidnischen Zuhörern des Paulus grotesk an. Wissen nicht Platon und alle anderen Philosophen um die Gefangenschaft der Seele im Kerker des Körpers? Für sein Publikum war Paulus schlicht ein Schwätzer (Apg 17,18).

Die antike philosophische Weisheit, die in der Verbindung mit der Ratio dem Gebildeten ein überlegenes Erkenntnisvermögen und darum auch einen gehobenen sozialen Status garantiert, sie wird im Neuen Testament ebenso konsequent konterkariert wie jene sprichwörtlichen Weisheiten des Alten Testaments, die dem Gerechten schon in diesem Leben Gottes Lohn, dem Sünder aber Strafe verheißen und im übrigen den Narren als abschreckendes

---

[39] Zum Folgenden vgl. *Nigg 1993*, S. 9-26. Zur Problematik einer närrischen Christus-Deutung s. *Berger 1998*, S. 223, 233-240.

[40] 1 Kor 4, 9-13: „Ich glaube nämlich, Gott hat uns Apostel auf den letzten Platz gestellt, wie Todgeweihte; denn wir sind zum Schauspiel geworden für die Welt, für Engel und Menschen. Wir stehen als Toren da um Christi willen [...] Wir sind sozusagen der Abschaum der Welt geworden, verstoßen von allen bis heute."

Beispiel anführen.[41] Im „Wort vom Kreuz" rechnete Paulus ab mit solchen wohlfeilen Vorstellungen, die ein Spiegel menschlicher Eitelkeiten sind.[42] In diesem Wort wird der Gegensatz zwischen den törichten Weltweisen und den charismatischen Pneumatikern bis aufs Äußerste zugespitzt. Die einen wirken innerhalb der Grenzen der reinen Vernunft, die anderen werden über diese Grenzen hinausgeführt: als vom Heiligen Geist Erfüllte. Ihr Enthusiasmus und ihre Über-Vernunft erscheinen freilich den übrigen als Ver-Rücktheit (vgl. Apg 2,12f[43]).

---

[41] Z. B. Spr 11,31: „Wird dem Gerechten vergolten auf der Erde, dann erst recht dem Frevler und Sünder"; 13,21: „Unglück verfolgt die Sünder, den Gerechten wird mit Gutem vergolten"; 26,1-4: „Wie Schnee im Sommer und Regen zur Erntezeit, so unpassend ist Ehre für einen Toren. [...] Dem Pferd die Peitsche, dem Esel den Zaum, dem Rücken der Toren den Stock. Antworte dem Toren nicht, wie es seine Dummheit verdient, damit nicht auch du ihm gleich wirst."

[42] 1 Kor 1,18-21: „Denn das Wort vom Kreuz ist denen, die verloren gehen, Torheit; uns aber, die gerettet werden, ist es Gottes Kraft. Es heißt nämlich in der Schrift: Ich lasse die Weisheit der Weisen vergehen und die Klugheit der Klugen verschwinden. Wo ist ein Weiser? Wo ein Schriftgelehrter? Wo ein Wortführer in dieser Welt? Hat Gott nicht die Weisheit der Welt als Torheit entlarvt? Denn da die Welt angesichts der Weisheit Gottes auf dem Weg ihrer Weisheit Gott nicht erkannte, beschloss Gott, alle, die glauben, durch die Torheit der Verkündigung zu retten. [...] 3,18-29: Keiner täusche sich selbst. Wenn einer unter euch meint, er sei weise in dieser Welt, dann werde er töricht, um weise zu werden. Denn die Weisheit dieser Welt ist Torheit vor Gott [...] Da sind nicht viele Weise im irdischen Sinn, nicht viele Mächtige, nicht viele Vornehme, sondern das Törichte in der Welt hat Gott erwählt, um die Weisen zuschanden zu machen, und das Schwache in der Welt hat Gott erwählt, um das Starke zuschanden zu machen. Und das Niedrige in der Welt und das Verachtete hat Gott erwählt: das, was nichts ist, um das, was etwas ist, zu vernichten, damit kein Mensch sich rühmen kann vor Gott."

[43] Apg 2,12f: „Alle gerieten außer sich und waren ratlos. Die einen sagten zueinander: Was hat das zu bedeuten? Andere aber spotteten: Sie sind vom süßen Wein betrunken."

Die Umwertung aller Werte ist der Kern von Jesu Botschaft: Er preist seinen Vater, weil er sich und das Geheimnis des himmlischen Reiches gerade nicht den Weisen und Klugen, sondern den Unmündigen (Einfältigen) offenbart hat (Mt 11,25). Für Jesus sind darum insbesondere die Kinder das Urbild jener, die in das Himmelreich eingehen werden (Mk 10,15) und er erklärt ausdrücklich die „geistlich Armen" zu den wahren Besitzern des himmlischen Reiches. Damit sind jene gemeint, die nicht durch die Egoität ihrer vermeintlich klugen Gedankenkonstrukte für die Wahrheit Gottes blind und taub geworden sind (Mt 5,3). Jesus selbst zog in Jerusalem auf dem Rücken eines Esels ein – damit erfüllte er nicht nur die messianische Prophezeiung des Jesaja, sondern bot ein närrisches Schauspiel (Mt 21,1-9).

Jesu Botschaft, gesprochen und getan in unerhörter Vollmacht, erregte Anstoß und provozierte Konflikte. Für seine Angehörigen hatte er schlicht den Verstand verloren (Mk 3,21), seine Gegner sahen in ihm einen gefährlichen, vielleicht sogar von Beelzebul besessenen Unruhestifter (Mk 3,22), der die staatliche Ordnung und die etablierte Religion gefährdete. Dafür brachten sie ihn ans Kreuz. Dieser Jesus, der zu allen Anklagen schwieg, der sich misshandeln, verlachen und verspotten ließ und als ohnmächtige, grässlich geschundene Kreatur endete, erscheint in der späteren christlichen Deutung als ein Narr um Gottes Willen. „Die Verherrlichung des Unmündigen reißt einen wahren Abgrund auf, und aller intellektuelle Scharfsinn stürzt hinab. Jesu Jubelruf, daß die Klugen ausgeschlossen und die Einfältigen bevorzugt werden, deutet eine neue, bisher völlig unbekannte Seinsordnung an."[44]

---

[44] *Nigg 1993*, S. 13.

2. Heilige Narren in der christlichen Tradition

Aus der Tradition des närrischen Christus speist sich der Typus des *Heiligen Narren*, wie er zunächst im byzantinischen Salós[45] begegnet. So führte der im ägyptischen Edessa geborene Mönch Symeon im 6. Jahrhundert in der Nacht ein verborgenes Leben in Wachen, Fasten und Gebet, tagsüber mimte den Narren, um sich selbst in Demut zu üben und seine Mitmenschen aufzurütteln.[46] Beim Einzug in die Stadt schleifte er den Kadaver eines Hundes hinter sich her, später störte er den Gottesdienst und gab sich mit Dirnen ab. Wie eine Karikatur auf ein Wunder Jesu wirkt die Heilung eines Blinden, dem er scharfen Senf in die Augen schmierte.[47] Mit seinem anstößigen Verhalten brach der scheinbar verrückte Abbas bewusst alle Konventionen von Anstand und Geschmack, um die Einwohner im syrischen Emesa aus der Bequemlichkeit ihrer eingefahrenen Denk- und Verhaltensmuster herauszuführen und jene zu erreichen, die als anrüchige Gestalten am Rand der Gesellschaft existieren. Für die Menschen wurde er zu einem Gleichnis (Spiegel) himmlischer Wahrheit und Wirklichkeit, allerdings in närrisch maskierter und verborgener Form. Der Salós war also ein Störenfried um Gottes Willen. Soziale und religiöse Missstände, ein lauer Glaube und sündiges Verhalten wurden im Spiegel seines närrischen Verhaltens heilsam entlarvt.[48]

Die ambivalente Macht des Narren, die Verhältnisse in verrückter oder transformierter Weise zu spiegeln und dadurch zu erhellen, beruht gerade darauf, dass er die Wahrheit niemals in direkter Weise ausspricht, sondern in einen Scherz kleidet, der die Illusion

---

[45] ‚Salós‘ bzw. ‚salus‘ ist ein syrisches Wort und bedeutet ‚blödsinnig‘.

[46] Vgl. dazu *Nigg 1993*, S. 27-62.

[47] Vgl. Mk 8,23: „Er nahm den Blinden bei der Hand, führte ihn vor das Dorf hinaus, bestrich seine Augen mit Speichel, legte ihm die Hände auf und fragte ihn: Siehst du etwas?"

[48] Im 16. und 17. Jahrhundert erlebte der Salós eine Fortsetzung im russischen Jurodivvyj.

vermittelt, es sei alles nicht gar so ernst gemeint. Dadurch lässt er den Genarrten eine Chance, ihre Würde zu bewahren. Indem der Narr diese sogenannte Würde (im Grunde eine Einbildung bzw. Überhöhung des Egos) stellvertretend aufgibt, können die wirklich verrückten und würdelosen ‚Normalos' sich sicher fühlen, sind aber zugleich herausgefordert, sich einen eigenen Reim auf die närrischen Aktionen zu machen und eine Entscheidung zu treffen.

Im Westen begegnet ein vergleichbarer Typ beispielsweise in der Gestalt des Philipp Neri (1515-1595). Ähnlich wie Symeon versuchte er eine zutiefst mystische Persönlichkeit demütig hinter der närrischen Maske zu verbergen und seine römische Umwelt durch Scherze und Verrücktheiten zu erleuchten.[49] An das Ideal der heiligen Einfalt und Torheit im paulinischen Sinne knüpfte hingegen Franz von Assisi (1181-1226) an, in den Augen der Umwelt ein echter *pazzo* (Verrückter).[50] Er gab seine sichere bürgerliche Existenz auf, trieb die Christus-Nachfolge bis zur vollkommenen Identifikation und wurde darüber zum *alter* Christus: als charismatischer Mitbruder aller Geschöpfe, als *poverello*, der sich mitfühlend insbesondere den Armen und Kranken zuwandte und schließlich die Wundmale Jesu an seinem Körper trug. Aber er war auch ein Troubadour, der begeistert Gottes Lob sang. Bei Franz war die Narrheit, anders als beim Salós, kein missionarisches Kalkül, sondern in der Herzenseinfalt äußert sich ein authentischer Wesenszug, der freilich durch die äußeren Lebensumstände immer wieder hart geprüft wurde (was, getreu dem Vorbild Christi, auch für die übrigen christlichen Narren gilt).

---

[49] Vgl. dazu *Nigg 1993*, S. 182-190.

[50] Im letzen Teil von SAMSTAG aus LICHT verwendet Stockhausen Franziskus *Lob der Tugenden*. Diesen Heiligen hat er besonders wegen seines Selbsthumors geschätzt: „Francesco war ein göttlicher Joker." (*Texte 6*, S. 279-284, Zitat S. 281).

Philipp und Franz lebten beide aus einer überwältigenden und überströmenden Freude an allem Geschaffenen:[51] Neris fröhlich-mystischer Urimpuls entsprang einer kosmischen Naturverbundenheit, die sich in einer unbefangenen und erdnahen, auch musikalischen *festivita* äußerte, die die Grenzen zwischen Sakralem und Profanem generös überschritt. Sein Lebensmotto *Allegramente, allegramente!* (Frohen Mutes!) hat er noch auf dem Sterbebett bekundet.[52] Franz predigte den Steinen, Feldblumen und Wäldern ebenso wie einem wilden Wolf und den Vögeln, ja er erachtete noch die Elemente und selbst den Tod als seine Geschwister in Gott.[53] Solch ein christlicher Panentheismus (,Gott-in-allem') ist aller anthropozentrischen Fixierungen ledig – und auf gewisse Weise auch der physischen Fesseln: Von franziskanischer Art ist nämlich auch die Narrheit des durch seine Levitationen bekannten Josef von Copertino (1603-1663)[54], dessen geistliche Tiefe und plötzliche, die Schwerkraft aufhebenden Ekstasen in keinem Verhältnis zu seinen begrenzten intellektuellen und praktischen Fähigkeiten standen. Auch er hatte einen innig vertrauten Umgang mit der Natur und besaß die Gabe, mit Tieren zu sprechen – ein gelebter paradiesischer Urzustand.

---

[51] Vgl. 2 Kor 7,4: „Trotz all unserer Not bin ich von Trost erfüllt und ströme über von Freude."

[52] *Nigg 1993*, S. 201, 204, 207f.

[53] *Nigg 1947*, S. 82-91. Stockhausens eigenes, oft geäußertes Motto lautete übrigens: „Furchtlos weiter."

[54] Von Josef von Copertino werden über 70 derartige Levitationen berichtet. Sie begannen meist mit einer Art Tanz unter Trance: „Seine tanzende Bewegung kündete sich durch ein gewaltsames Stöhnen an, das wie ein gepreßter Seufzer oder der Schrei eines Vogels erklang, dem jedoch nichts Furchterregendes anhaftete. [...] Er begann mit einer tanzenden Gebärde, stieß dann den vogelartigen Schrei aus und flog durch die Luft! Wie eine Taube mit Flügeln schwebte er im Raum." (*Nigg 1947*, S. 376).

3. Heilige Narren in vor- und nichtchristlichen Kulturen

Mögen die religiösen Inhalte auch verschieden und die Persönlichkeiten der heiligen Narren ausgesprochen individuell sein, so gibt es in der Typologie religionsübergreifend auffällige Übereinstimmungen. Entscheidend ist weniger, was der heilige Narr tut, sondern wie – also in welchem Bewusstsein – er handelt. Die Heiligkeit des Narren ist nicht moralisch oder durch ein bestimmtes religiöses Bekenntnis qualifiziert, sondern gründet in seiner Gottesbegabung, die universell ist. Für ein vertieftes Verständnis dieser Figur sind darum auch vor- und nichtchristliche Traditionen einzubeziehen. Bei Maria-Franziska Wegener wird der heilige, erleuchtete Narr durch folgende Kennzeichen charakterisiert: Spontaneität, Präsenz im Hier und Jetzt, Mut, Offenheit, Unschuld und Reinheit, Hingabe, Dominanz der Praxis gegenüber jeder Theorie, Prinzipien statt Dogmen, mystisches Streben zu Gott.[55]

Dass Humor und Witz göttliche Qualitäten sind, bezeugen bereits in der Antike Bacchus und in der germanischen Religion Loki. Auch der jüdische Jahwe kann lachen (Ps 2,4) und Chassidim wie Rabbi Bunam haben die Erinnerung daran wachgehalten, dass die Scherze aus dem Paradies stammen.[56] In der Galerie der heiligen Narren und erleuchteten Existenzen haben die ,Stechfliege' Sokrates, Platons rauschhafte Eros-*mania* und Narrenphilosophen wie Diogenes ebenso ihren Platz wie die jüdischen Propheten und Vertreter aus den islamischen, asiatischen und indigenen Kulturen. Und wie im Christentum, so reicht auch dort das Spektrum vom verzückten Mystiker bis hin zum sinnenfrohen Provokateur. Der Prophet Muhammad galt den Einwohnern Mekkas bei seinen ersten Auftritten als „besessener Dichter" und „geistesgestörter Wahrsager und Lügner", bis sie sich von seinen ergreifend schönen und

---

[55] *Wegener 2010*, S. 8-14, bes. S. 14.
[56] *Nigg 1993*, S. 219.

kunstvollen Versen bekehren ließen.[57] Auch später kennt der Islam zahlreiche *maǧnūn*, besessene heilige Narren, aus denen tiefe Gotteserkenntnis spricht. Die von Gottesliebe trunkenen Sufis sind in dieser Hinsicht Verrückte, denn „Verliebtheit führt zur Verrücktheit. Eine Verpflichtung gibt es für den Verliebten nicht mehr. Er steht außerhalb des Gesetzes"[58].

Im Prinzip gilt diese ,Freiheit vom Gesetz' für alle heiligen Narren: Im tantrischen Buddhismus des 16. Jahrhundert erleuchtete der bierselige Drugpa Künleg seine weiblichen Adepten lustvoll mit seinen Phallus.[59] Berühmt ist etwa im Hinduismus im 19. Jahrhundert der von Kali geradezu berauschte Ramakrischna, der die Verhaltensregeln im Tempel missachten konnte, weil er in seiner Gottesliebe darüber hinaus gelangt war.[60] König David tanzte und hüpfte in freudiger Ekstase halbnackt vor der Bundeslade (2 Sam 6,14) und vom Propheten Jesaja wird sogar ein dreijähriger Nacktauftritt berichtet (Jes 20,1-5) – ein Verhalten, das den Muslim-Fakir Sarmad Kashani im 17. Jahrhundert das Leben kostete[61].

Der Narr erscheint als ambivalente Figur, der Widersprüchliches in sich vereinigt und damit an die alles übersteigende Güte des ungeschiedenen Seins erinnert: Freiheit – Maßlosigkeit, Intellekt – Dummheit, Wahrheit – Lüge, Ernst – Blödelei, Moral – Sünde, Erleuchtung – Ignoranz, Göttlichkeit – Dämonie. Wenn dem Narren alles gleichermaßen heilig ist, so ist ihm auch alles gleichermaßen unheilig. Er ist frei von den wertenden Projektionen des Verstandes. Sein Lebensstil ist, das Andere und Unerwartete zu tun. Diese Offenheit versetzt ihn in die Lage, die oft widerstreitenden Energien zu meistern und spielerisch auszubalancieren. So hebt er deren Polaritäten in sich auf.[62]

---

[57] *Düdükçü 2007*, S. 13f.
[58] Zitat ebd. S. 13.
[59] *Dowman 2005*.
[60] *Lemaître 1963*, S. 54-67.
[61] *Gupta 2000*.
[62] *Wegener 2010*, S. 10.

Allen heiligen Narren ist darum gemein, dass sie mehr oder weniger extreme Existenzen sind, deren Lebensstil jenseits der Norm liegt. Die Passion des Narren ist es, für das Göttliche ein Gefäß zu sein, diesem Göttlichen und seiner verwandelnden Kraft eine angemessene Gestalt in der Welt zu geben. Wie ihr göttlicher Auftraggeber sind sie feurig, glühend – niemals lau. Ihr Tanz des Lebens ist oft ein Balancieren auf einem sehr schmalen Grat. Durch ihre kontrapunktische Existenz wirken die Narren auf ihrer Umwelt einerseits inspirierend, andererseits erregen sie Anstoß. Denn das Komische ist zunächst einmal das, was befremdet.

In seiner archaischen, numinosen Gestalt ist das Heilige und Göttliche außerdem immer beides: *faszinosum* und *tremendum*, anziehend und erschreckend, heil- und unheilbringend, lichtvoll und verdunkelt.[63] Auch beim heilig-närrischen Spiel gestalten sich darum die Grenzen zur Belästigung oder gar zum offenen Terror durchaus fließend, die Komik kann dann bedrohliche und sogar brutale Züge annehmen und den Narren oder die von seinen Attacken Betroffenen in Gefahr bringen. In der kulturübergreifenden Figur des Tricksters, dem spitzbübischen göttlichen Schelm, sind diese ambiguen, auch dämonischen Züge gleichsam kondensiert.[64] Der Narr repräsentiert dann das Verdrängte, den Schatten. Nicht umsonst hat C. G. Jung den Trickster in die Galerie seiner Archetypen aufgenommen und als „ein ‚kosmisches‘ Urwesen *göttlichtierischer* Natur" beschrieben, das, übermenschlich und unbewusst zugleich, jenseits der üblichen Kategorien und Normen agiert, aber auch Züge eines Heilsbringers entwickeln kann.[65]

---

[63] Auch im Kontext des Alten Testaments finden sich von dieser ‚Doppelgesichtigkeit‘ Gottes immer wieder Spuren, z. B. in Gen 32,23-29; Ex 4,24-27; 2 Sam 6,5-10.

[64] Es gibt biblische Gestalten, die als von Gott Erwählte diesem Typus entsprechen und ihn zugleich transzendieren, z. B. Jakob, der sich den Segen seines Vaters Isaaks erschleicht, oder Judith, die den assyrischen Kriegsherrn Holofernes mit ihrer Schönheit erst um den Verstand und dann im wahrsten Sinne um seinen Kopf bringt.

[65] *Jung 2010*, S. 159-175, Zitat S. 168.

Lachen und Humor sind spirituelle Urkräfte, welche die vermeintlich ewigen Wahrheiten konterkarieren, damit sie nicht zu toten Götzen erstarren. Sie überwinden die Konditionierungen des Verstandes und lassen das Ego schrumpfen. Wenn beispielsweise die *heyoka* (Clowns) der Ogalalla-Sioux ihre Späße machen, erheitern sie nicht nur ihre Stammesgenossen zu deren Vergnügen, sondern sie verändern deren Bewusstsein und bereiten sie zum Empfang einer erleuchtenden Kraft vor, die die Welt mit neuen Augen sehen lässt.[66] Unter den indigenen Völkern der *great plains* gibt es außerdem das Phänomen der Gegenteiler, die grundsätzlich das Gegenteil dessen tun, was die Mehrheit macht.[67] Eingefahrene Muster und dogmatische Verkrustungen erwachsen aus einem Mangel an Distanz und Witz! Religion kann dann zum Selbstzweck und schließlich zum Götzen werden. Heilige Narren sind Bilderstürmer. So geht ihnen auch um Psychohygiene. Eine Religion, die den Narren und seine Eskapaden nicht aushält und die es nicht

---

[66] *Schwarzer Hirsch 1995*, S. 179-184, S. 179, 183: „ [...] im Heyoka-Ritus geht alles verkehrt zu, und dem liegt die Absicht zugrunde, die Leute zuerst heiter und glücklich zu machen, also daß es für die Kraft leichter ist, sie zu besuchen. [...] Als der Ritus vorbei war, fühlte sich jedermann um vieles wohler, denn es war ein Tag der Lustbarkeit gewesen. Die Leute waren nun wieder fähig, die Grüne der Welt, die Weite des heiligen Tages, die Farben der Erde zu sehen und in ihre Gemüter aufzunehmen.“
[67] Zu den Indianer-Clowns s. die ausführliche Darstellung bei *Plant 2010*; *Rautenberg 2003*, S. 34-37, S. 35: „Als Gegenteiler bauten sie Hütten, wo das Innere außen, das Außen innen und der Rauchabzug an der falschen Seite war. Sie gingen in Lumpen gekleidet rückwärts ein und aus, setzten sich an die Tipis, mit den Beinen an der Wand hoch und dem Rücken auf der Erde, während sie ihren Rat gaben. Das löste allgemeines Lachen aus, und nicht selten fand ihre paradoxe Weisheit ein Gehör, auch wenn sie nicht wählen durften. Verrückt, wie sie waren, jäteten sie Unkraut rückwärts, indem sie hinter ihnen stehenden Pflanzen durch die Beine hindurch ergriffen. [...] Die Acoma vermeiden bewusst durch die Zulassung des Clowns das Erstarren ihrer Religion durch immer mehr Esoterik!“

erträgt, in seinen Spiegel zu schauen und über sich selbst zu lachen, erstarrt in lebensfeindlichem Dogmatismus.

Die Beschränkungen, die den Menschen durch konventionelle Denk- oder Verhaltensmuster auferlegt sind, werden kurzerhand ‚weggelacht' und aufgebrochen. Der Narr weiß, dass die Vorstellung, irgendetwas kontrollieren zu können, eine Illusion ist. Er weiß, dass nicht er es ist, der etwas macht, sondern dass *es* sich einfach macht. Statt sich der Dynamik des Seins zu widersetzen, überlässt er sich ihr. Für einen Moment aktiviert seine närrische Anarchie das ursprüngliche, formlose Ur-Chaos und öffnet einen Raum für unmittelbare spirituelle Erfahrungen und kreative Visionen. Die als stabilisierend, aber auch als begrenzend erfahrenen Polaritäten der Formenwelt werden aufgehoben (z. B. durch Travestie lächerlich vereinigt), so dass sich das Bewusstsein erweitern kann. Es ist die Berufung des Narren, eine solch offene Situation zu erzeugen. Närrische Aktionen haben dabei durchaus die Macht, auch Angst und Aggressionen auslösen. Zugleich helfen sie auf homöopathischem Weg, diese Gefühle loszulassen (das Angst- und Zorn-Gift wird gleichsam durch den Humor verdünnt). Selbst der Tod verliert dann seinen Schrecken und wird als Illusion entlarvt. Dadurch können die Narren heilend auf Körper und Geist einwirken.

III. SYNTHI-FOU

1. Der szenische Kontext

SYNTHI-FOU ist jene Szene des LICHT-Zyklus, in der die Gestalt des Narren am explizitesten auftritt und dem närrischen Humor ein großer musikalischer Auftritt eingeräumt wird. An ihr lässt sich die Funktion des heiligen Narren bzw. des närrisch maskierten Heiligen im Kontext von LICHT besonders gut erkennen.

Immer wieder treffen Michael und Luzifer im Laufe des LICHT-Zyklus aufeinander, in unterschiedlicher, auch multipler Gestalt miteinander wettstreitend oder sich heftig bekämpfend (nur am MITTWOCH gibt es eine Kooperation). Den Tod erleidet Michael im Zuge dieser Auseinandersetzungen auch einmal, und zwar im 2. Akt von DIENSTAG, wo er als Michaels-Trompeter von einem Luzifer-Posaunisten tödlich verletzt wird. DIENSTAG ist der Tag des Krieges zwischen Luzifer und Michael.

Nach einem eher komödiantischen ersten Akt (JAHRESLAUF) inszeniert der zweite eine heftige musikalische Auseinandersetzung, bei der sich Michaels-Trompeter/-Tenor und Luzifer-Posaunisten /-Bass in einem oktophonen Klangraum bekämpfen. Nach zwei Angriffen der „Luziferiten" auf eine Festung der „Michaeliten" wird einer der Trompeter getötet. Eine Eva-Rotkreuzschwester (Sopran) und ein Michaels-Trompeter (mit Flügelhorn) stimmen eine ergreifende PIETÀ an. Danach geht der Kampf mit einer dritten INVASION und dreifacher EXPLOSION weiter, wobei es den Luzifer-Kriegern schließlich gelingt, die Wand des Bunkers, in dem die Michael-Leute sich verschanzt haben, zu sprengen. Dieser höchst kritische Moment mündet aber nicht in die zu erwartende tödliche Niederlage der Michael-Truppe, sondern wird in eine jenseitige Sphäre hinein ‚transponiert', eine „Glaswelt in weißem Licht"[68]:

---

[68] *Texte 8*, S. 227.

„Die Kämpfer sind wie vom Erdboden verschluckt"[69], lautet Stockhausens Anweisung.

Die Szene gibt den Blick frei in eine andere Dimension, in der zwei Gruppen von bläulich-transparenten (michaelischen) Astralwesen (Contra-Tenöre oder Altistinnen/Tenöre und Bässe) umlaufende Fließbänder überwachen, über die allerlei Kriegsgerät transportiert wird. Hier und da werden Panzer oder Waffen mit einem Croupier-Rechen abgeräumt, während Gewinne und Verluste für die eine oder andere Seite über ein Zählwerk angezeigt werden.[70] Der Krieg ist hier weder ein läuterndes Stahlgewitter noch ein großes emotionales Drama, sondern schlicht eine weitere Bilanz im Spiel des Lebens, wobei es keine Rolle spielt, wer dabei der Gewinner und wer der Verlierer, wer der Aggressor und wer der Verteidiger, wer der Böse und wer der Gute ist. Ein Krieg ist ein Krieg. Kriege kommen und gehen, ereignen sich global und zwischen allen Kreaturen (und seien es Viren, die einen Menschen befallen) – ein ständiger kosmischer Prozess.[71]

Die Wesen summen und singen während ihrer gleichförmigen Tätigkeit. Nach dem Aktionismus der letzten Kriegshandlungen, bei denen die durch den Raum gleitenden und trudelnden Klangenergien noch einmal in vielfachen Überlagerungen verdichtet und schließlich explosiv in Partikel zerstäubt wurden, herrscht jetzt eine

---

[69] Ebd., S. 226.

[70] Ebd., S. 228.

[71] Vgl. dazu eine Äußerung des Komponisten im Programmheft zu FREITAG: „Krieg ist ein kosmischer Prozess. Selbst wenn hier für eine Weile kein offener Krieg ausbricht, findet er in anderer Weise statt. Dann gibt es den Aids-Krieg oder einen Bakterienkrieg als Epidemien; oder es ereignet sich ein Naturkrieg, in dem zahllose Menschen durch Naturkatastrophen ausgelöscht werden. Krieg als gewaltsame Vernichtung von Mensch und Natur ist ein kosmisches Prinzip, wie Geburt, Liebe, Lernen, Versuchung, Tod, Auferstehung. Die sieben Tage von LICHT haben kosmische Prozesse zum Thema. Diese gelten nicht nur hier, sondern überall." (*Stockhausen 1996*, S. 65).

feierliche Ruhe. Aus dem oktophonen Kontrapunkt der Kampf-handlungen sind flächige und luzide Klangbänder geworden: Horizontbegrenzungen, die eine Art Klangschrein erzeugen, geheimnisvoll und numinos. Die Statik und die richtungslosen Harmonien beschwören Zeitlosigkeit, Ewigkeit; die Musik hebt und senkt sich periodisch in langen und kurzen rhythmischen Werten, erinnert an meditative Atembewegungen.

Stockhausen spielt im Libretto mit assoziativen Wortfusionen, die die vorausgegangenen Ereignisse Revue passieren lassen. Die Contratenöre und Tenöre beginnen zweistimmig auf „HU-rantia", eine Verschmelzung der göttlichen Sufi-Silbe „HU" mit der kryptischen Bezeichnung „Urantia" (in der *Urantia*-Kosmologie die Bezeichnung für die Erde). „Planeton Solarson Nebadon Miron" sind Anspielungen auf den Kreatorengel und Gottessohn Michael, das von ihm geschaffene Universum heißt im *Urantia Buch* Nebadon. Miron ist ein phantastischer Vogelmensch, der in Stockhausens MUSIK IM BAUCH eine wichtige Rolle spielt.[72] Die Bässe singen vom Angriff Luzifers („LUZI-ferrit Invasion Felsenchrom Kristallon"), sprechen von Kampf, Krieg und Explosionszeit. Während die Tenöre vom „Krieg in der Zeit" singen, halten die Bässe dagegen: „Krieg löscht die Zeit löscht den Tod löscht das Leid in alle Ewigkeit."[73] Der Krieg ist nicht der Vater, sondern das Ende aller Dinge, bedeutet die totale Auslöschung – so gefällt es Luzifer. Gläserne Rote-Kreuz-Schwestern schweben hinzu, fassen mit ihren Händen von hinten die Hände der Glasmänner.[74]

---

[72] Miron ist der Name des Planeten Neptun in Jakob Lorbers Schrift *Der Kosmos in geistiger Schau* (Das Weltbild des Geistes, Bd. 2/3, Bietigheim/Württemberg, o. J., S. 51-60). Diesen Hinweis verdanke ich Leopoldo Siano, Köln.

[73] *Texte 8*, S. 229, 312.

[74] Ebd., S. 229.

2. Musikalische Konstruktion und Improvisation

In diesem Moment tritt eine bizarre Figur auf: *Synthi-Fou*, ein „von elektrifizierten Tastaturen, Schiebereglern, Schaltknöpfen, Modulationsrädern, Pedalen besessener"[75] Synthesizer-Spieler in närrischer Kostümierung mit Riesenbrille, -nase und -ohren. Er sitzt zwischen seinen Instrumenten in einem mobilen Kreisel, mit dem er wie ein Derwisch über die Bühne flitzt und rotiert. Eine Figur wie aus dem Varieté oder dem Karneval! Bis zu diesem Zeitpunkt hat er brav den Chorpart der JENSEITS-Szene im Hintergrund mitgespielt, als Nebenfigur, als zurückhaltender Begleiter – jetzt bricht er aus und legt los, sucht die große Bühne, wird zum Hauptakteur. Ein Narr benötigt einfach die Öffentlichkeit, um seine Narrheit ausleben zu können.

Respektlos platzt er „mit wüster Klangfarbe"[76] in die nüchtern-distanzierte JENSEITS-Szene hinein und spielt, so der Komponist, „absolut happy"[77] ein sich steigerndes „foutouristisches Solo"[78], wobei die Finger regelrecht über die Klaviaturen und Pedale seiner Synthesizer tanzen sollen[79]. Den Jenseitigen verschlägt es die Sprache, nicht aber den Gesang. Von diesem Moment an produzieren die Choristen nur noch Klangfarben in Form von asemantischen Silben: eine Äußerung ergriffenen Staunens, die sich im weiteren Verlauf der Szene hymnisch steigert.[80]

Die Figur des *Synthi-Fou* ist dramaturgisch-musikalisch der Joker der Oper DIENSTAG aus LICHT, sozusagen die Trumpfkarte des Komponisten, die die Apotheose der JENSEITS-Szene überbietet.

---

[75] Ebd., S. 327.

[76] Ebd., S. 229.

[77] Ebd.

[78] Ebd., S. 230.

[79] Ebd.

[80] Ausnahme ist das finale „Himmel" (phonetisch notiert), den Bässe und Tenöre im hohen Register intonieren. An dieser Stelle setzt der Chorpart plötzlich aus und zu dreizehn selbstspielenden Akkorden beginnt *Synthi-Fou* mit der Demaskierung.

Synthi-Fous Musik ist ein toccataartiges Feuerwerk aus Virtuosität und Klangerfindung. Es besteht aus kurzen harmonisch, motorisch-rhythmisch und vor allem klangfarblich prägnant gestalteten Miniaturen. In der solistischen Studienversion (CD 42A) kann man diese kleinen Kunstwerke und ihr reiches Innenleben genau studieren.[81] Sie haben einen eruptiven Impuls und eine ausgesprochen gestische, ja haptisch-körperliche Anmutung. Das verleiht ihnen bei aller Abstraktion eine expressive Qualität.[82] In ihrer Mischung aus genau fixierter Musik und spontaner Setzung (dafür sind eigene Improvisationsfenster vorgesehen) erinnern sie zunächst an Farbkleckse (wie die launigen Figurationen auf Bildern von Joan Miró, z. B. *Il carnevale d'Arlecchino*, 1924-25).

Dass die Klänge dabei vom Klangregisseur per Joystick durch den Raum bewegt werden, erzeugt den Eindruck, dass es sich um kleine, aber ausgesprochen temperamentvolle musikalische Persönlichkeiten handelt, eine Art musikalische *Looney Tunes*[83], die auf der raumakustischen Bühne auftreten und eine humorvolle Show abziehen. Alles fliegt, wirbelt, trudelt, blitzt, kollidiert durch- und gegeneinander.[84]

---

[81] Die Studienversion ist nicht für eine Aufführung vorgesehen. Das macht dramaturgisch Sinn: Ein Narr benötigt einen Hintergrund, von dem er sich absetzt. Die elektronische Musik bzw. der Chor der Jenseitigen sind darum integraler Bestandteil des Werkes. Die Figur des *Synthi-Fou* ist auch kompositorisch unlösbar damit verbunden und wächst gleichsam daraus hervor. Es kann auch nur einen einzelnen Narren geben, der umso stärker wirkt, als sein Umfeld ‚normal' bleibt und für sein Treiben einen Rahmen bietet.

[82] Man mag auch an ein ausdrucksvolles Rezitativ denken, allerdings sind Musik und Sprache hier untrennbar zu etwas Neuem verschmolzen: zu einer unbegrifflichen Sprach-Musik oder wortlosen Musik-Sprache.

[83] Die *Looney Tunes* sind legendäre Zeichentrickfiguren der Warner Brothers.

[84] Vgl. Stockhausens Äußerung in *Frisius 1996*, S. 243: „Ich habe auch beim Komponieren *Elektronischer Musik* von Anfang an Vorstellungen von Klängen, die sich im Raum bewegen. Dieser Raum aber ist unbegrenzt, so

Die musikalischen Vorgänge, so kurzlebig sie auch sein mögen, folgen einer ohrenfälligen Logik. Es ereignen sich gut nachvollziehbare rhythmische oder klangfarbliche Transformationen. Manche haben einen regelrecht kadenzartigen Charakter und wirken dadurch klar fokussiert und in sich abgeschlossen. Dabei laufen gewissermaßen Mikro-Prozesse ab, so dass man jeden Einsatz als eine Mini-Komposition, als eine eigene musikalische Welt hören kann. Ohne weiteres könnte jede einzelne wieder den Nukleus für eine umfangreichere Komposition abgeben. *Synthi-Fou* verschleudert gleichsam ein ganzes Arsenal an inspirierten Klang-Kondensaten oder musikalischen Keimen. Die Fülle und das Tempo, in der diese Inspiratoren auf die Ohren der Hörer losgelassen werden, ist atemberaubend, beim ersten Mal geradezu schockierend. Hier werden bewusst Wahrnehmungsgrenzen überschritten.

Technisch kann man diese Musik im Sinne von Stockhausens serieller Gruppen- oder Momentformmusik verstehen. Zwar orientiert sich Partie an den Intervallkonstruktionen des vorausgegangenen JENSEITS-Parts und bezeugt damit die grundsätzliche Verbundenheit des Fous mit dieser Sphäre[85], ansonsten hat der Komponist aber eine Art freie Fantasie über das Material der LICHT-Superformel geschaffen, aus der hier und da die ‚Leitmotive' der Protagonisten, insbesondere das Michaels-Motiv, herausklingen. Das formelbasierte Komponieren sorgt dafür, dass das Ganze der Struktur immer auch im Kleinsten ihrer Elemente enthalten ist.

In einigen der frühen Klavierstücke, z. B. Nr. V, finden sich vergleichbare Konstellationen. SYNTHI-FOU, das zugleich KLAVIER-

---

eine Art von Weltraum [...]. Es ist mir lebenslang so gegangen, daß ich in Klängen *bade*. Ich sehe keine Objekte, und doch ist es wie Strahlen, wie Licht, wie man in einem Raum Lichtbündel sieht, die durch ein Fenster hereinströmen. Stellen Sie sich nun solche Strahlenbündel vor, die sich bewegen, fliegende Klänge, Klangwolken; keine kompakten Gebilde, die nur so aussehen wie ein Wolkenbild, sondern es sind Strahlen; das ist, glaube ich, das Richtig: klingende Lichtstrahlen – für die Augen spreche ich jetzt."

[85] Diesen Hinweis verdanke ich Leopoldo Siano, Köln.

STÜCK XV ist, klingt allerdings ungleich geschmeidiger. Hier verwirklicht Stockhausen im Rahmen der Formelkomposition die melodische Synthese aus dem einzelnen Klang-Moment (statische Ewigkeit) und dem Prozess der steten Veränderung (fließende Zeitlichkeit). Die in die Synthesizer-Partie eingebauten kleinen Improvisationsfenster überlassen es dem Ausführenden, eigene Klangfarben bzw. kurze Echos und Reflexionen auf die notierte Musik einzufügen, was die Grenzen zwischen strenger Vorplanung und intuitiver Eingebung unscharf werden lässt.

Angesichts der durchbrochenen Faktur, bei dem musikalische Aktion und Pausen genau ausbalanciert miteinander abwechseln, drängt sich eine weitere Assoziation auf: Vogelgesang. Gemeinhin gilt die musikalische Imitation von Vogelgesängen als Domäne von Stockhausens Lehrer Olivier Messiaen.[86] Doch bei Stockhausen ist die Partie des *Synthi-Fou* kein der Natur abgelauschtes, ornithologisch exaktes Porträt, sondern eine freie Erfindung, die eher in ihrer Gestik bzw. Syntax an Vogelgesang erinnert: Da gibt es eine analoge, gleichsam mikroskopisch konzentrierte Farbigkeit und Virtuosität; da findet sich ein vergleichbarer Wechsel von Spielen und Lauschen, Aktion und Stille.[87]

---

[86] Ein eindrucksvolles spätes Beispiel für diesen synthetischen *style oiseaux* ist der 3. Satz aus Messiaens Orchesterwerk ÉCLAIRS SUR L'AU-DELÀ … (STREIFLICHTER ÜBER DAS JENSEITS, 1987-1991): *L'Oiseau-lyre et la Ville-fiancée* (*Der Leierschwanz und die bräutliche Stadt*). Der australische Leierschwanz ist dafür bekannt, dass er alle möglichen Geräusche und Klänge, die an sein Ohr dringen, perfekt imitieren und in das Grundgerüst seines arteigenen Gesangs integrieren kann.

[87] Die deutlichen Zäsuren in der Partie von SYNTHI-FOU dienen wohl auch dazu, die übergroße Dichte der Musik zugunsten eines erinnernden Nachhörens aufzulockern. Vgl. *Stockhausen 1992*, S. 60: „Große Zeiträume von Hall und Stille zwischen den Ereignissen dienen also dazu, daß man den Ereignissen nachhört, im Verlauf eines Klavierstücks viele Ereignisse verschiedener Art wahrnimmt und sich durch einen Kreis von Gefühlen und Gedanken in einem Niemandsland bewegt." Wie in den Klavierstücken der 1950er und 1960er Jahre „wird keine Geschichte erzählt, sondern

Stockhausen selbst sah sich in seinen Träumen oft fliegend wie ein Vogel[88] und hat sich u. a. mit dem mythischen Vogelwesen Garuda identifiziert, der in der asiatischen Tradition nicht nur als Bezwinger der Schlange, sondern auch als Bote der Götter fungiert, der den Menschen Nachrichten überbringt.[89] *Synthi-Fou* singt den Himmlischen (und auch den Irdischen) das Lied des göttlichen Vogels. Es ist ein universales Lied, ein kosmisches Lied.

3. Allmusik

Darin ist die Partie ein schönes Beispiel für Stockhausens Meta-Stilistik: Für kurze Augenblicke, ja oft nur für Sekundenbruchteile blitzen Reminiszenzen an diverse Musikstile vom Barock und Klassik über Jazz, Pop und Soundeffekte von Computerspielen und Filmen, globaler traditioneller Musik und musique concrète bis hin zu Stockhausens eigener Musik auf. Das liegt nicht zuletzt an der Einbeziehung entsprechender Samples und konkreter Klänge. So enthält Nr. 32 Klänge der Akustikgitarre, Nr. 33 ein Klarinetten-Sample, Nr. 78 kombiniert Panflöte, Oboe, Glocke, Tabla-Schleife und „kleiner Wal". Nr. 29 würzt das Sample eines Kreppbandes, das von einer Rolle abgezogen wird, während Nr. 56 ein „Kochtopf-Tremolo" und Nr. 104 die Herztöne eines Fetus enthalten. Auch ringmodulierte Klänge finden sich (z. B. Nr. 69). Bereichernd wirken sich auch Mikroskalen aus (so die fünffache Unterteilung der kleinen Terz durch *micro-tuning* in Nr. 43).[90] Die Originalklänge sind häufig so stark verfremdet, dass man sie

---

es werden Gebilde geformt, die einmalig sind. Man muß innerlich schnell registrieren, aufnehmen wie ein Magnetophon, damit man ein Ereignis möglichst nicht verliert. So geht man auch gefühlsmäßig sehr schnell durch Veränderungen hindurch."

[88] *Texte 6*, S. 230-233.

[89] Vgl. ebd., S. 230-233. In FREITAG aus LICHT erscheint beim Auftritt des Kinderchors und -orchesters als Klangstütze im Bühnenhintergrund die Phantasmagorie *Synthi-Bird*.

[90] SYNTHI-FOU (KLAVIERSTÜCK XV), Einleitung zur Partitur, S. III-IV.

nicht mehr identifizieren kann; es gibt aber auch Ausnahmen wie das markige Posaunenglissando in Nr. 66.

Die Mischung von abstrakten elektronischen und konkreten Klängen erzeugt seltsame, auch gewollt komische Hybridwesen, die beim Hörer sofort wilde Assoziationsketten auslösen, ohne sich semantisch festlegen zu lassen. Dichte und Tempo der Musik sorgen für eine Flut von Imaginationen – mit anderen Worten: von Inspirationen! Durch ihre Vielgestaltigkeit regt die Musik sozusagen alle Schichten und Zentren des Bewusstseins an.[91]

Insgesamt 131 solche speziellen Klangfarben haben Stockhausen und sein Sohn Simon für die Partie des *Synthi-Fou* kreiert. Sie sind essentiell für die Komposition und von den Tonhöhen, Rhythmen und Harmonien nicht zu trennen. Die allermeisten werden nur einmal verwendet, wobei das Gegeneinander von zwei Klangfarben – eine für jedes System, in dem die Partie von *Synthi-Fou* notiert ist – und sehr schnelle Übergänge die Regel sind. Dass meistens zwei unterschiedliche Klangfarbenmischungen gleichzeitig erklingen und im Spiel vereinigt werden, unterstreicht die Vermittler-Rolle von *Synthi-Fou*.

Es mag sich der Notwendigkeit verdanken, eine sehr große Zahl von distinkten Farben zu erzeugen, dass sich eine solche Fülle von unterschiedlichen Materialien in der Musik von SYNTHI-FOU findet. Denkbar ist aber auch, dass Stockhausen sozusagen unter der

---

[91] Vgl. *Texte 4*, S. 501, wo Stockhausen sich in Anlehnung an das Bewusstseinsmodell Sri Aurobindos über die Möglichkeiten äußert, durch Musik die sexuellen, vitalen, mentalen und überpersönlichen Zentren im Menschen anzusprechen: „Es gibt [...] Musik, die durch alle Zentren hindurchgeht: da gibt es Momente, in denen Sie ganz heilig angesprochen werden, ganz religiös; und andere Momente, in denen Sie ganz sinnlich, ganz erotisch angesprochen werden. Das ist ziemlich waghalsige Musik. Man muß sehr stark sein, um sie ganz miterleben zu können. Vor allen Dingen muß diese Musik sehr gut balanciert sein, phantastisch komponiert sein. Fehlt das, so gibt es Übergewichte, und man ist nach dem Hören in einer bestimmten Weise übererregt und aus dem Gleichgewicht gebracht."

Oberfläche repräsentative Klangfarben aus allen Lebens- und Musikbereichen haben wollte. So sind gewissermaßen Spuren seines ganzen musikalischen Forschens und Schaffens in der Musik enthalten. Das Sample vom Gesang einer Indio-Frau in Nr. 68 mag sich an der Klangoberfläche kaum bemerkbar machen, erinnert aber an die Intermodulation von ethnischer und elektronischer Musik in TELEMUSIK. Die Ringmodulation von Nr. 69 geht auf MIXTUR zurück. SYNTHI-FOU ist in diesem Sinne eine Stockhausensche „Allmusik", in der auch noch entlegene Klangphänomene komponiert und dadurch miteinander verbunden werden.[92] Mithin ist auch der *Synthi-Fou* ein Kind der von Stockhausen beschworenen ‚astronischen Epoche' und Verkörperung eines kosmisch erweiterten Klang-Bewusstseins, von dem weiter unten noch genauer zu sprechen sein wird.

4. Transzendierung des Instrumentalspiels

Dieses neues Klangbewusstsein beschränkt sich nicht nur auf das Hörbare. Auch die Rolle des Interpreten und sein Verhältnis zum Instrumentarium werden im Sinne einer *szenischen Musik* weiterentwickelt.[93] Den herausfordernden Körpereinsatz des Interpreten hat Stockhausen in einer launigen klei-

---

[92] Dazu Stockhausen in *Frisius 1996*, S. 255: „Man kann jetzt irgendein Schallereignis verwenden, um daraus Musik zu machen. So entsteht nicht nur Menschenmusik, sondern eine Allmusik: Musik aller Klangmöglichkeiten, aller Klangbewegungen und aller Transformationen. Es ist sehr wichtig, daß dies in unserer Zeit zum ersten Mal auf diesem Planeten geschieht."

[93] Vgl. *Stockhausen 1992*, S. 54: Der Komponist war davon überzeugt, dass die Klaviermusik für Konzertflügel an ein Ende gekommen ist. Das, was er in seinen frühen Klavierstücken angestrebt hat, z. B. die Differenzierung der Dynamik und die Erweiterung der Intervalle, wird in SYNTHI-FOU weiter entwickelt. Dazu erläutert er in seiner Werkeinführung in *Texte 8*, S. 328: „Diese neue Interpretenrolle ist zwar eine Fortsetzung des traditionellen Klaviatur-Spielers [...], jedoch verlangt die elektronische

nen Karikatur verewigt. Im 8. Band seiner *Texte* ist zu den Erläuterungen zu SYNTHI-FOU eine Zeichnung Stockhausens abgedruckt, auf der ein närrischer Nackter mit wilder Mähne auf einer riesigen Klaviatur liegt und diese wie besessen mit allen Extremitäten und offenbar auch seinem Genital traktiert. „Der letzte Expressiopianist" lautet die Unterschrift.[94] Man kann darin eine Parodie auf die Tastenvirtuosen in der Tradition von Franz Liszt sehen. Doch verweist die hingebungsvolle Tastenerotik auch auf die Fähigkeit des heiligen Narren, sich vollkommen hinzugeben und alle Polaritäten ebenso kraftvoll wie fruchtbar in sich zu vereinen.

SYNTHI-FOU treibt diese veränderte Spielpraxis auf die Spitze. Die klassische ‚Physio-Physik' des Instrumentalspiels, bei der der Körper des Interpreten und die Mechanik des Instrumente 1:1 miteinander interagieren, wird aufgegeben.[95] Der *Synthi-Fou*-Spieler

---

‚Klaviermusik' eine völlig neue Technik der Programmierung und des Spielens der Klangfarben (einschließlich aller Klang-Geräusche und Geräusche), der Hüllkurven, Lautstärkegerade, Glissandi, Verhallung, Raumprojektion usw. Simon spielt zum Beispiel in seiner Version des SYNTHI-FOU die 131 nummerierten Klangfarben und einige freie Improvisations-Fenster mit vier Klaviaturen von drei Synthesizern und einem Sampler, ferner bedient er ein Synthesizer-Modul, einen Sampler ohne Tastatur, zwei Multi-Effektgeräte und neun Pedale. Über zwei Monitorlautsprecher hört er die stereophonisch gemischte Elektronische Musik und sein eigenes Spiel." Später hat Stockhausen im Rahmen von KLANG mit dem Sub-Zyklus NATÜRLICHE DAUERN dann doch noch einmal neu angesetzt und eine Folge von 24 Klavierstücken für einen konventionellen Flügel komponiert.

[94] *Texte 8*, S. 331.

[95] Dazu Stockhausen in *Stockhausen 1992*, S. 53: „Was Simon zum Beispiel im KLAVIERSTÜCK XV mit seinen zehn Fingern und zwei Füßen spielt, ist nicht mehr das, was von den Muskeln seines Körpers bestimmt wird. Wenn er manchmal eine Taste anschlägt, startet eine ganze Sequenz mit Geschwindigkeiten, Taktveränderungen, Klangfarbenreihen, Lautstärkekurven, die man mit bisherigen Tasteninstrumenten gar nicht spielen konnte."

agiert fast wie ein Akrobat, wenn er mit fliegenden Extremitäten die diversen Klaviaturen, Pedale, Sampler und Multi-Effektgeräte bedient. Wie es einem Narren entspricht, wird dabei manches auf den Kopf gestellt: „Die bisherige Konvention, daß höher und tiefer notierte Töne auf Tastaturen nach rechts und links proportional gegriffen werden, ändert sich drastisch: höhere Lagen werden oft nach links, tiefere nach rechts und gleichzeitig auf verschiedenen Tastaturen gegriffen; Mikroskalen nehmen manchmal große Tastaturbereiche in Anspruch; Glissandi oder Klangfarbenübergänge, Vibratogeschwindigkeiten werden mit Rädern oder mit verschiedenem Tastendruck gesteuert, und so weiter."[96]

Der Letzte Expressiopianist   St.

---

[96] *Texte 8*, S. 328.

IV. Die Figur des *Synthi-Fou* in der Tradition des Heiligen Narren

Synthi-Fou ist eine musikalische Vision des Heiligen Narren, die verschiedene Ausprägungen dieser Tradition in individueller Weise in sich vereinigt und zugleich neu interpretiert. Schon vor seinem LICHT-Zyklus hat Stockhausen das Motiv des Narren in dem Klarinettensolo HARLEKIN (1975) aufgegriffen. Der Harlekin, eine nicht immer ganz stubenreine Figur der commedia dell'arte, wird in einzelnen Abschnitten der Komposition u. a. als „Traumbote" und als „spielerischer Konstrukteur", „spitzbübischer Joker", „leidenschaftlicher Tänzer" und schließlich als „exaltierter Kreiselgeist" charakterisiert. Der Narr ist hier ein göttlicher Spieler, ja ein Jongleur (einige „Schweinereichen"[97] inklusive), der aus höheren Sphären herabsteigt. Das Spielerische, Agile und Artistische können auch auf den Synthi-Fou bezogen werden. In beiden Fällen wird zudem das Instrumentalspiel neu definiert und der Körper des Interpreten auf neuartige Weise gefordert, so beim Harlekin durch laute Tanzschritte, die eine rhythmische Gegenstimme zum Instrumentalspiel darstellen.

1. Künstler, Clown und Zauberer

Doch während die Kostümierung des Harlekin durchaus auf die klassische Narrenkleidung Bezug nimmt, ist Synthi-Fou eine Stockhausensche Eigenkreation, eine Mischung aus Popstar, Mad Scientist und Muppet.

Typisch für den klassischen Narren ist nicht nur die Narrenkappe, sondern auch das zwei- oder dreifarbige Narrengewand mit Glöckchenbesatz. Das musikalische Klingeln gehört zum Narren, sei es als komisches Element, sei es als Ausdruck seiner Rastlosigkeit und Energie oder gar als Warnung vor diesem unberechenba-

---

[97] *Texte 4*, S. 298.

ren Charakter. Auch eine apotropäische Funktion zur Abwehr von unheilvollen Mächten schwingt mit.[98] Darstellungen des Narren zeigen diesen oft mit Instrumenten aller Art. Zum Wesen des Narren gehören mithin die Maskierung und die Musik als Ausdruck für sein verwandeltes (verkehrtes) Wesen, durch das er aus der normalen, alltäglichen Ordnung heraustritt. Beides verweist wiederum auf urtümliche magische und numinose Wurzeln. Die Musik des Heiligen Narren kann übrigens gänzlich transzendenter Natur sein, ein ‚ganz anderer' kosmischer Klang. So berichtet Ṣafī ad-Dīn über den Gottesnarren ʿIzz ad-Dīn: „Manchmal, wenn man ihm genau lauschte, konnte man von dem Ort, an dem er sich aufhielt, die schönsten Klänge des Universums hören ..."[99]

Synthi-Fou ist ein heiliger Musiknarr, der Stockhausens Ideal eines *homo musicus* perfekt verkörpert. Er kann alles in Musik verwandeln. Die Musik ist seine Welt-Sprache. Zugleich ist er ein Künstler und ein Clown, ein Musiker und ein Zauberer und auch ein Popstar und Entertainer.[100] Sowohl die avantgardistische

---

[98] Vgl. dazu auch die Beschreibung des hohepriesterlichen Gewandes in Ex 39,24-26. Wenn der Hohepriester im Zeltheiligtum das Allerheiligste mit der Bundeslade betrat, war er durch das Klingeln der Glöckchen für Gott erkennbar und damit vor tödlichen numinosen Reflexen geschützt. Ein weiteres Beispiel ist die traditionelle schamanische Kleidung, an der zum Schutz vor bösen Geistern z. B. Klangplatten oder Schellen befestigt sind.

[99] Zitiert nach *Düdükçü 2007*, S. 38.

[100] Man denkt sofort an Stockhausens Tätigkeit als Klavierbegleiter des Zauberers Adrion, mit der er in den ersten Jahren nach dem Krieg sein Geld verdiente: „Bei der Zauberei habe ich alle Stile verwenden können; nicht nur Passagen von Unterhaltungsmusik, sondern auch Musik, für die ich mich damals am meisten interessierte, nämlich ganz schräge Musik; ziemlich dissonante und unregelmäßige Musik konnte ich improvisieren. In dem Zusammenhang störte das überhaupt nicht, sondern es passte ganz gut, denn das Zaubern war auch etwas anderes als die normale Welt." (*Ständchen zum Siebzigsten*. Gespräch mit Christine Weiner im September 1998 nach einer MOMENTE-Probe in Köln für eine Sendung, die am

Kunstmusik wie auch die kommerzielle Musik werden hier in einem einzigen Moment vereinigt, gefeiert und parodiert – und dadurch auf eine superartifizielle Spitze getrieben, die sie alleine nicht erreicht hätten.

2. Lehrmeister und Erlöser

Mit seiner flamboyanten Performance auf mehreren Synthesizern mischt *Synthi-Fou* das Ensemble der Jenseitigen auf. Zwar verbleiben sie bis zum Schluss im Gestus erhabener Stilisierung, lassen sich aber von *Synthi-Fous* fröhlichem Enthusiasmus anstecken: Sie stehen auf, schauen gebannt, amüsiert und bewundernd auf den Spieler.[101] Das Fließband läuft dabei unbeachtet weiter – das Kriegsspiel der Jenseitigen ist vorbei![102] In Tempo und Bewegung gehen sie mehr und mehr mit der Musik mit, übersetzen sie schließlich in eine hieroglyphenartige Choreographie.[103] Auch die Rotkreuzschwestern singen und tanzen mit, so dass sich in der zunehmend belebten Szene insgesamt vier Stimm-

---

10. Oktober 1998 von SWR 1 ausgestrahlt wurde. Archiv der Stockhausen Stiftung). Über seine szenische Musik, die vom Publikum des Öfteren als Kabarett bewertet wurde, äußerte Stockhausen an anderer Stelle: „Wenn, wie bei mir, alle Interpreten auswendig spielen und singen, herumflitzen und Step tanzen, während sie Posaune spielen, dann sagt das Publikum: ‚Das ist ja keine Kunstmusik mehr, das ist Kabarett.' Die Leute können sich nicht vorstellen, daß auch dieses sogenannte Kabarett Kunst sein kann. Und deshalb irren sie sich gewaltig." (*Texte 10*, S. 668).

[101] *Texte 8*, S. 230.

[102] Vgl. *Ulrich 2011*, S. 32: „Im Urantia Buch (500) heißt es: ‚Eines Tages wird vielleicht ein wahrer Musiker auf Urantia erscheinen, und ganze Völker werden sich durch die wunderbaren Klänge seiner Melodien bezaubern lassen. Ein einziges derartiges menschliches Wesen könnte den Lauf einer ganzen Nation, ja sogar der ganzen zivilisierten menschlichen Welt für immer verändern.' Stockhausen läßt dieses Wesen im DIENSTAG als SYNTHI-FOU auf der Bühne erscheinen."

[103] *Texte 8*, S. 230.

lagen gegenrhythmisch bewegen.[104] Schließlich entledigen sich die Damen wie Groupies bei einem Popkonzert ihres Häubchens und Teile der Kleidung.

Ohne Zweifel: *Synthi-Fous* Ekstase ergreift alle, macht das Publikum regelrecht an, ja vermenschlicht die Himmelsgeister.[105] Die heilige Ordnung wird mit dem heiligen Chaos konfrontiert und aus ihrer mechanistischen Erstarrung erlöst. Hier wirkt *Synthi-Fou* wie ein inspirierter göttlicher Lehrer, der die Routine durchbricht und das Bewusstsein aller, die in seinen Bann geraten, so verändert, dass sie gleichsam mit ihm aussteigen.[106] Dieser Ausstieg ist auch eine Bewegung aus der Zeitlosigkeit des JENSEITS heraus und in die Zeit der SYNTHI-FOU-Musik hinein. Wenn der *Synthi-Fou* spielt, vernimmt das Publikum die Musik des Jenseits wie durch

---

[104] Ebd., S. 236.

[105] Ebd., S. 230.

[106] „[...] man muß verstehen, was da für eine Situation ist. Wenn man den Chor hört vom ABSCHIED, der in vollkommen abstrakter phonetischer Sprache singt, dann denkt man: Ach so, was die im Jenseits singen, das versteht man nicht. So ist es auch komponiert. Aber wie die Jenseitigen singen, [...] wird nach einiger Zeit langweilig. Sie tun auch nichts anders, als daß sie im Jenseits Krieg spielen, man glaubt es kaum. Und dann kommt der SYNTHI-FOU, und sie sind so fasziniert von diesem Verrückten, der ja eben doch ein Mensch ist. Da sind auf einmal die Jenseitigen interessiert an einem diesseitigen Clown, an einem Fou, und deshalb heißt er der SYNTHI-FOU. Das ist auch so eine Vorstellung, die ich immer gehabt habe, daß die Engel doch sehr fasziniert und zum großen Teil humorvoll berührt sind von Menschen, so wie die Menschen sind, und daß die Beziehung von Jenseits und Diesseits nicht so kalt ist, daß das Jenseits etwas ganz anderes wäre, sondern daß die Jenseitigen die Diesseitigen-Welt eher spielerisch sehen, daß die Engel uns eigentlich sehen wie Kinder, die nicht sehr befähigt, aber doch oft sehr humorvoll sind und auch sehr schön spielen." (*7 x Licht im Rundfunk*. Stockhausen im Gespräch mit Reinhard Ermen am 7. Oktober 2002 für den 2. Teil DIENSTAG aus LICHT, der am 20. Oktober 2002 vom SWR Baden-Baden gesendet wurde. Archiv der Stockhausen-Stiftung).

einen Filter hindurch; beide Musiksphären durchdringen und vervollkommnen sich gegenseitig.

3. Inter-Sein

Synthi-Fou lässt das Leben durch sich hindurchfließen. Darin folgt er dem Ideal des Tantrismus: Nichts wird ausgeschlossen, alles darf sein und kommuniziert miteinander. Es gibt keinen hohen oder niederen Stil, keine geschmackvollen oder geschmacklosen Klänge, keine reine oder unreine Musik. Was zählt, ist die Form, die der jeder Moment *jetzt* annimmt und das Bewusstsein, das alle vergänglichen Formen in einem essentiellen Sein wurzeln, aus dem sie hervor- und zurückklingen.

Dass *Synthi-Fous* Musik ein Zwischenreich zwischen Klang und Geräusch aufsucht, entspricht der mehrwertigen Natur des Heiligen Narren. Der Narr ist eine liminale, also grenzgängerische Gestalt. Er verkörpert in beispielhafter Weise ein Dazwischen- oder Inter-Sein, das weder dieses noch jenes ist, sondern ein Sowohl-Als-Auch.

Entsprechend ist die Musik von *Synthi-Fou* wie das Leben selbst: spontan, unberechenbar, polyphon, chromatisch. Deshalb ist der heilige Musiknarr auch ein Meister darin, Regeln zu brechen und alle sozialen und geistigen Begrenzungen zu überwinden. Spielerisch transzendiert er die Super-Formel von LICHT. Statt starrer Regeln bietet er eine freie Neuschöpfung aufgrund von Prinzipien, die er aber nicht in gelehrter Rede darlegt, sondern in der Musik verwirklicht. Er doziert nicht, sondern handelt und setzt Zeichen. Indem *Synthi-Fou* das Maß überschreitet, bringt er ein neues Lebensgefühl und ein neues Bewusstsein in die Welt. Eine höhere Ordnung wird etabliert, die nur im freien, enthemmten musikalischen Spiel darstellbar ist. Die Umwertung aller Werte vollzieht sich musikalisch und szenisch durch die Transzendierung der seriellen Super-Ordnung in ein kreatives Chaos, das eine Spielart des Seriellen ist.

Am Ende kann *Synthi-Fou* so zwischen den Gegensätzen vermitteln: zwischen strenger musikalischer Formung und gestalterischer Freiheit, zwischen Sakralität und Profanität, Aktion und Kontemplation, Technik und Magie, Körper und Geist, Zeit und Ewigkeit. In den großen spirituellen Traditionen gilt diese Überwindung des Getrennten, die Aufhebung der Gegensätze bzw. die fruchtbare Vermittlung zwischen den Polaritäten als Königsdisziplin der Erleuchteten.

Diese Vermittlung ist noch in einem weiteren Sinn zu verstehen. Auch der musikalische Einfall verdankt sich für Stockhausen der Eingebung durch eine höhere, göttliche Instanz. Auf der ersten Seite der Partitur von SYNTHI-FOU befindet sich eine kleine Vignette, die Stockhausen gezeichnet hat: *Synthi-Fou* als langmähnige, androgyn wirkende Gestalt, die die Klaviaturen nicht nur mit Händen und Füßen,

© Stockhausen-Verlag, Kürten (www.stockhausen.org)

sondern auch mit ‚Schnabel-Nase' und Zunge traktiert. Unübersehbar ist ein Stirnband mit langer Empfangsantenne, auf die ein regelrechtes Signalfeuer eingeht: *Synthi-Fou* ist der außerirdisch (‚daimonisch'), ja göttlich inspirierte Musiker, der seine Eingebungen sogleich übersetzt – in kunstvolle Musik.[107] Da sich Michael in

---

[107] Vgl. Stockhausen in *Stockhausen 1998*, S. 31f: „Ich glaube, es gibt Intuition und nicht nur Spekulation. Gewisse Dinge fallen einem ein. Ich habe

DONNERSTAG mit diesem musikalischen Botschafter zwischen Gott und Menschen identifiziert („Himmelsmusik den Menschen und Menschenmusik den Himmlischen zu bringen"[108]), darf man *Synthi-Fou* wohl als einen michaelischen Charakter deuten, der freilich das brillante luziferische Element gänzlich integriert hat: die blitzende Präzision, das verstandesmäßig Konstruktive und Komplexe.[109] Weil *Synthi-Fou* diese beiden Kräfte nicht nur vermittelt, sondern gleichsam eine Fülle von vollkommenen kleinen musikalischen Wesen gebiert, ist er zugleich eine Emanation Evas: Im LICHT-Zyklus verkörpert der Eva-Geist, der sich abwechselnd sowohl zu Michael als auch Luzifer hingezogen fühlt, das Prinzip

---

neulich bei einer Preisverleihung gesagt: ‚Kunst ist das Übersetzen von Einfällen aus dem Jenseits.' [...] ‚Übersetzung', dieses Wort war mir sehr wichtig. Nur das ist Kunst. Der Rest ist Kunstgewerbe. [...] In gesteigertem Sinne ist ein Künstler ein Übersetzer von etwas Unbekanntem. Er überträgt das Empfangene in unsere Welt der Instrumente und der Aufführungspraxis mehr oder weniger courageux. Entweder er paßt sich an die Gegebenheiten an [...] oder er kommt möglichst nah an eine außergewöhnliche Vision heran, eine innerliche Vision von etwas Wunderbaren. Dann bricht er aber auch viele Tabus und stößt mit dem Kopf gegen die Wand der Musikpraxis und der Vorstellung der anderen Musiker [...]."

[108] *Texte 5*, S. 481.

[109] Vgl. Stockhausen in *Kurtz 1988*, S. 262: „Das Essentielle meiner Musik ist immer religiös und spirituell, das Technische ist nur Erläuterung. Mir ist oft verschwommene Mystik vorgeworfen worden. Mystik wird heute leicht als etwas Verschwommenes missverstanden. Mystik ist aber das, was sich nicht mit Worten aussprechen lässt, also Musik. Das reinste Musikalische ist reine Mystik, in einem modernen Sinne. Mystik ist eine ganz scharfe Fähigkeit, durch Dinge hindurchzublicken. Dabei ist der Verstand ein Apparat, der der Intuition dient. Die Intuition ist deutlich nicht im Menschen vorhanden, sondern dringt – wie Sonnenstrahlen – ständig in ihn ein. Das Denken ist ein Formulieren, ein Übersetzen der Intuition auf unsere Apparate, auf unsere praktische Welt – ein Anwenden auf die Bereiche der Wahrnehmung."

einer dynamischen Vermittlung und evolutionären Perfektionie-
rung.[110]

Synthi-Fou ist ganz bei sich, indem er ganz außer sich ist: ein En-
thusiast, der das, was er tut, ‚in Gott' (en theos) vollbringt. Religi-
onsgeschichtlich spricht man vom Theomanen.[111] Weil er von Gott
inspiriert ist, kann er Wunder vollbringen – und wie einst Orpheus
sogar die Himmlischen (die Götter) betören und den Krieg beenden.
Also: *Synthi-Fou*, der Friedensbringer? Zumindest ein Vermittler
zwischen den Welten. Man kann sich kaum eine stimmigerere Über-
leitung zum MITTWOCH vorstellen, der Oper über die geglückte Kooperation zwischen Michael, Eva und Luzifer. In der finalen Szene
MICHAELION wird Luzifer durch die Macht der Musik umge-
stimmt. (Es ist gewiss kein Zufall, dass in diesem Kontext ein wei-
terer Fou auftaucht: der *Operator*, ein ausgesprochen exzentrischer
Obertonsänger und polyglotter Kurzwellen-Übersetzer, der die
empfangenen Signale in transverbale Sprachen verwandelt und an
seine Umgebung weiterreicht. Der *Operator* ist eine Fortsetzung der
Synthi-Fou-Partie mit den Mitteln der menschlichen Stimme. Auf
gewisse Weise gilt dies auch für die närrischen Engel der ENGEL-
PROZESSIONEN in SONNTAG. Der Narr kann in LICHT also auch im
Kollektiv erscheinen. Wandlungsfähig, wie er ist, verändert er immer wieder seine Gestalt und seine Musik, um neue Facetten seiner
komplexen Natur zu offenbaren. Beispielsweise erzeugt er in
MONTAG als *Kinderfänger* (eine als junger Mann verkleidete Altflö-
tist*in*!) eine surreale Phantasmagorie aus Gesang, Flötenspiel und

---

[110] *Frisius 1996*, S. 293. Günter Peters identifiziert die Dreiheit von Eva,
Luzifer und Michael als Zusammenspiel von Körper, Geist und Seele
(*Peters 2004*, S. 174). *Synthi-Fou* wäre in diesem Sinne ein ganzheitliches,
also vollkommenes Wesen: ein leibhaftiger Musiker, der im Spiel die geistigen und seelischen Kräfte immer wieder neu dynamisch balanciert und
integriert.
[111] Ein solcher Theomane, dem Stockhausen im legendären Fragebogen
der FAZ-Redaktion Bewunderung gezollt hat, war auch der antike Wun-
dertäter und Charismatiker Apollonius von Tyana, der im 1. Jhd. n. Chr.
lebte (*Texte 5*, S. 12).

Tonszenen, um eine Gruppe Kinder regelrecht zu verhexen[112] und schließlich zu entführen. Hier agiert der Fou mehr wie ein Trickster, sozusagen verspielt luziferisch.[113])

Auf dem ersten Höhepunkt von SYNTHI-FOU ändert sich die Klangfarbe der elektronischen Musik zu „Kristallfarben" und leitet den ABSCHIED ein. Die Bühne soll sich in eine Art Spiegelkabinett verwandeln, in dem sämtliche Gestalten „unendlich gespiegelt" und transformiert erscheinen (vielleicht als Ergebnis der ,fraktalen' Musik von *Synthi-Fou*). Schließlich senken sich Tüllvorhänge herab und verunklaren die Sicht auf das Jenseits, der Chor wird langsam entrückt.[114] Nur *Synthi-Fou* bleibt selbstvergessen und glücklich spielend zurück. Sein Part läuft einfach durch, kennt keine Grenzen. Zu dreizehn selbstspielenden Akkorden steht er schließlich auf und demaskiert sich, dabei in einem langen Ritardando von *thirteen* bis *one* rückwärts zählend. Ein letzter Scherz, eine Umkehrung der Verhältnisse: Die Ziffern sind ein auffälliger Bestandteil

---

[112] „Die Kinder werden verhext, buchstäblich verhext", so der Komponist in dem Film *Lichtwerke*, WDR 1988, ca. 27'50". In *Texte 7* ist die Rede davon, dass etwas Unheimliches in der Luft liegt (S. 304) und die Kinder vom Kinderfänger verzaubert werden (S. 695).

[113] Der *Kinderfänger* in MONTAG wird von Ave, einer Eva-Emanation, verkörpert. Wie der Name verrät, ist die flötenspielende Ave eine Spiegelung Evas (deren Instrument das Bassetthorn ist) und repräsentiert gewissermaßen den mehr Luzifer zugewandten Aspekt der Eva-Persönlichkeit. In SAMSTAG manifestiert sich dieser Anteil in Gestalt einer schwarzen Katze, die in KATHINKAS GESANG als LUZIFERS REQUIEM als Seelenführerin Luzifers fungiert und sich anschließend in LUZIFERS TANZ über Michael und das Publikum lustig macht: „Salve Satanelli". Wieder spürt man etwas von der ambiguen Natur des Tricksters, der laut Jung auch in Tiergestalt erscheinen kann und sich mit der Tradition des Schamanen berührt; vgl. *Jung 2010*, S. 160.

[114] *Texte 8*, S. 230.

der Luzifer-Formel aus der LICHT-Superformel; Luzifer wird vom Fou gleichsam ausgezählt![115]

Eine Null, ein *zero* ist in der LICHT-Superformel allerdings nicht vorgesehen – für diese Nullstelle mag *Synthi-Fou* selber stehen. So hat im Tarot der Narr den Wert Null. Als Nullstelle nimmt er eine freie Position ein, ein Ausdruck von Potentialität und der Fähigkeit zur Verwandlung in jede andere Figur.[116] Nach einer charmanten Verbeugung zum Publikum verlässt *Synthi-Fou* staksend die Bühne.[117] Die elektronische Musik kreist noch lange weiter, bis sie sich diminuendo in die Stille hinein verliert. Zwei gegenläufig rotierende Klänge, der ein glatt und kühl, der andere maschinenartig und geräuschhaft, formieren dabei einen Doppelkreis: eine Doppelnull oder eine liegende Acht, das Symbol der Unendlichkeit. In den konträren Klangfarben verbinden sich die Gegensätze wie Yin und Yang.

---

[115] Eine vergleichbare Rückwärtszählung geschieht auch in MITTWOCH in der 4. Szene MICHAELION bzw. dort im Instrumentalpart des letzten Teils (auch als BASSETSU-TRIO separat veröffentlicht); hier steht die Umkehrung der Zahlen im Zusammenhang mit der Bekehrung Luzifers.

[116] Vgl. *Ulrich 2004*, S. 83: „Ist ein Ton Ergebnis der in ihm wirkenden, in ihm sich vereinenden Kräfte, so ist er seinerseits Quellgrund für alle möglichen Tongestalten. Das komponiert Stockhausen, wenn er (etwa in der elektronischen Musik zu SIRIUS) den Ambitus einer Melodie immer mehr schrumpfen läßt, bis er sich in einem einzigen Ton zusammengezogen hat. Stockhausen nennt das: ‚*Die Melodie wird durch eine Nullstelle geführt*‘, eine Nullstelle, in der virtuell alle Melodien schlummern. Das erlaubt es, bruchlos, in einem fließenden Übergang, eines ins andere zu überführen.“

[117] *Texte 8*, S. 230.

V. Der astronische Fou

1. Kosmisches Lachen

Wenn *Synthi-Fou* am Ende Ohren, Rüsselnase, Riesenbrille und Handschuhe von sich wirft, ähnelt er dem byzantinischen Salós, der den Narren lediglich spielt. Stockhausens *Synthi-Fou* zeigt in seinem selbstvergessenen Spielen und dem albern-fröhlichen Gehabe allerdings so gar nichts von dem strengen Asketen und Missionar, der sich hinter der Maske des Salós verbirgt. Die Narren-Maske ist für Stockhausen aber nicht nur etwas Äußerliches, sondern reicht tiefer. Sie ist Ausdruck einer wesenhaften Verwandlung: Bei jeder Aufführung wird der Interpret zu einer Emanation des *Synthi-Fou*.[118] Mit der Demaskierung offenbart er wieder seine ursprüngliche menschliche Natur, wird einfach zu einem spielenden Menschen. Dieser Mensch freilich spielt ein göttliches Spiel, das im Hinduismus als līlā bezeichnet wird.

Līlā ist ein spätes Sanskritwort, das eine Fülle von Bedeutungen in sich vereinigt, die von Scherz und vergnüglichem Spiel bis hin zu Sport, Liebe, und Belustigung im weitesten Sinne reichen. Gemeinsam ist all diesem Tun die Freiheit von Mühe und Anstrengung. Līlā wird durch eine schwebende Leichtigkeit charakterisiert. Entsprechend zeichnet es sich durch Anmut, Grazie und Lieblichkeit aus, hat aber zugleich auch etwas von Verkleidung,

---

[118] Zwar äußert sich Stockhausen in dieser Weise nicht über den Darsteller des *Synthi-Fou*. Allerdings sagt er bezüglich der Kompositionen HARLEKIN und DER KLEINE HARLEKIN: „Man kann in diesen Werken ganz besonders den Wandel zwischen ‚Rolle‘ und Emanation begreifen: [Die Klarinettistin] Suzanne Stephens wird zum HARLEKIN jedesmal, wenn eine Aufführung bevorsteht; sie verwandelt sich in einem sehr geheimnisvollen, ungewöhnlich disziplinierten Prozeß in ein Medium, das sich HARLEKIN bereitstellt." Weiter verweist er auf die große Bedeutung, die eine entsprechende geistige Verfassung der Interpreten der *Indianerlieder* (AM HIMMEL WANDRE ICH ...) und von STIMMUNG für eine angemessene Aufführung hat (*Texte 6*, 186).

Schein und Illusion.[119] *Synthi-Fou* ist Mitspieler und zugleich auch ein Meister des līlā, dem ewigen göttlichen Spiel der Schöpfung, das ein herrlich zweckfreies Spiel von Werden und Vergehen ist (wie auch die Klangwesen des *Synti-Fou*-Parts blitzartig erscheinen und wieder verklingen). Līlā ist ein allumfassendes und positives Gestaltungs-Spiel[120], das dank seines göttlichen Akteurs jedes menschliche Maß sprengt. In der Musik wird diese Überschreitung praktisch erst durch die elektronischen Klangerzeugung möglich, die die Möglichkeiten des humanen und instrumentalen Körpers transzendiert).

„Der Schöpfergott spielt Kosmos aus Freude."[121] Freude, die sich in Liebe und Hingabe äußert, darum ist Gott (bzw. sein *Synthi-Fou*) voll und ganz mit seinem Tun identifiziert. Weil das kosmisch-göttliche Spiel frei von der Notwendigkeit ist, ist es auch frei von der Tragik und dem Schmerz des Scheiterns, die sich bei einer begrenzten Nahperspektive auf das Leben einstellt. „Das Leben als ein ‚göttliches Kinderspiel' zu verstehen, [...] verrät eine schwebende Leichtigkeit, die nur grober Unverstand als Leichtsinn mißverstehen kann."[122] Stockhausens Vortragsanweisung zu Beginn der Musik von *Synthi-Fou* lautet „sehr leicht, graziös fliegend".[123]

Da ist kein Raum für Ernst und Pathos. Ätzende Satire oder Konfrontation sind *Synthi-Fous* Sache aber ebenso wenig wie dionysische Enthemmung oder schockierende Obszönität. All dies wird sozusagen immer mit der apollinischen Dimension zu einer sublimen Exzentrik ausbalanciert. Weit entfernt scheint auch der geschundene Narr der Christus-Passion. *Synthi-Fou*, obgleich voll-

---

[119] Vgl. *Bäumer 1967*, S. 4f.

[120] *Buland 2005*, S. 24.

[121] Ebd., S. 25. Über die göttliche Weisheit heißt es in den Sprüchen Salomos 8,30-31: „[...] als [Gott] die Fundamente der Erde abmaß, da war ich als geliebtes Kind bei ihm. Ich war seine Freude Tag für Tag und spielte vor ihm allezeit".

[122] *Nigg 1993*, S. 55.

[123] SYNTHI-FOU (KLAVIERSTÜCK XV), Partitur, S. 9.

kommen passioniert, leidet nicht. Er hat sich gänzlich dem Spiel hingegeben. Seine Passion ist die Freude Gottes in und durch Musik. Sein innerstes Wesen ist Unschuld, Humor, Vitalität – *fremde Schönheit*! Er brüskiert nicht, er trennt nicht, sondern er vereinigt, ohne anzuhaften oder moralische Bewertung. Aus *Synthi-Fou* lacht Gott heraus – und dieses Lachen gilt allen gleichermaßen.

Synthi-Fou bereichert die klassische Figur des heiligen Narren um die Dimension des Astronischen. Astronisch ist ein vielschichtiger Stockhausenscher Neologismus, der das Atom- und Weltraumzeitalter mit seinen expandierenden technischen Möglichkeiten ebenso einschließt wie ein gewandeltes Bewusstsein vom Menschen und seiner Stellung im Universum. Astronisch, das ist auch Evolution, umfassende Vernetzung, Grenzenlosigkeit, die höchste Geschwindigkeit, schließlich der Himmelsflug zum Göttlichen.[124] In unserem Fall interessiert vor allem diese ins Kosmische ausgreifende Bedeutung. Stockhausens *Synthi-Fou* ist ein astronischer Narr, ein *astronischer Fou*. Sein musikalischer Humor ist ein großes kosmisches Lachen.

---

[124] Vgl. *Texte 10,* S. 21-22: „Ich sehe Fortschritt immer in Richtung auf mehr Bewußtsein, auf ein höheres Bewußtsein; also nicht nur intelligenter werden, sondern vor allen Dingen auch vollkommener werden in Hinsicht auf Empfindsamkeit, Wachheit, auf visionäre Fähigkeiten. [...] Seit etwa vierzig Jahren ist unser Bewußtsein explosionsartig erweitert worden durch neue astronomische Daten. Größer als je zuvor ist unser Bewußtsein vom Universum, von seiner Ausdehnung und Ausfüllung durch Galaxien und alles, was drinnen ist. Ebenso ist unser Bewußtsein explodiert – wie nicht in einer Milliarde von Jahren zuvor – in Hinsicht auf das Bewußtsein vom Atomaren, von der Mikrowelt. Ich meine nicht nur in der Physik, sondern auch in der Biologie, in der Genetik, in der Chemie. [...] Da ist neue Hoffnung, eine neue, über den Menschen hinausgehende Konzeption des Erdlings. [...] Und das drückt eigentlich die Musik seit 1950 ganz deutlich aus: diese vollkommen neue Orientierung einer Musik, die nicht nur Musik des Menschen ist, sondern eine Musik, die ein neues Weltbild, ein neues kosmisches Bild und ein neues Menschenbild ankündigt."

2. Stockhausen, der astronische Fou

Es liegt nahe, in dem „von elektrifizierten Tastaturen, Schiebereglern, Schaltknöpfen, Modulationsrädern, Pedalen" besessenen *Synthi-Fou* nicht nur ein herzliches Porträt des Widmungsträgers Simon Stockhausen, sondern ein Selbstporträt des Komponisten zu erkennen, ein Selbstporträt mit Narren-Maske sozusagen. Stockhausen selbst ist der *astronische Fou*, sein līlā-Feld ist die Musik und keine ihrer Spielarten ist ihm fremd. Dazu der Komponist: „Von Zeit zu Zeit erscheint ein Komponist, der ganz universell ist, nicht nur ein Spezialist. Ein Komponist, der auf allen Oktaven des Klaviers des Ausdrucks, der Mittel, der Erfindungen und Entdeckungen spielt. Und in diesem sehr seltenen Falle kann man bei einem Komponisten eine außerordentlich weite Skala finden zwischen Werken, die auf subtilste Weise in äußerster Übereinstimmung mit der elementaren Natur sind, und Werken, die ganz spirituell sind. Solch ein Komponist ist nicht immer auf dem gleichen Niveau der Spiritualität: Er ist alles zwischen dem Tier und den Göttern."[125]

Zahllose Fotografien zeigen Stockhausen als Bastler und Tüftler umgeben von seltsamen elektronischen Gerätschaften, endlosen Tonbandschleifen und dickem Kabelsalat oder als Klangregisseur, dessen Hände auf den Reglern und Knöpfen seines Mischpultes liegen: einen enthusiastischen *homo ludens musicus technicus astronicus*. Zwar wirkt er vor allem auf den Bildern, die ihn als jungen Mann zeigen, deutlich smarter und auf den späteren gesetzter oder auch entrückter als die extrovertierte Kunstfigur beim Finale von DIENSTAG. Aber man erkennt doch immer auch den exzentrischen Sound-Aficionado und den in seine ständig neuen Entdeckungen und Erfindungen vernarrten Maverick, als der er von vielen bewundert und auch verehrt wurde und als der er sich auch selbst gerne inszenierte. Der Maverick ist eine modernere, sozusagen coole Deklination des Narren: ein Nonkonformist und Querdenker,

---

[125] *Texte 4*, S. 605. Man denke auch noch einmal an die ambivalente Figur des Tricksters, wie C. G. Jung ihn beschrieben hat, vgl. Anmerkung 65.

der die Dinge bewusst anders als andere tut, der sich nicht festlegen lässt, auch nicht von den eigenen Errungenschaften und kreativen Rezepten, mögen sich diese auch als noch so erfolgreich erwiesen haben. Der Maverick macht sein ganz spezielles (für Außenstehende meist: komisches oder abgedrehtes) Ding.

Musikalisch entspricht dieser Haltung Stockhausens furchtloses Voranarbeiten auf der meta-stilistischen Überholspur: serielles Komponieren als geistige Haltung, nicht als Stilmerkmal.[126] Was bleibt, ist die Inspiration des Augenblicks, die Ganzheit und Totalität des Jetzt – während sich die äußere Erscheinung und Form des Momentes ständig verändert, das Alte im Neuen zugleich aufhebend und transformierend. In einem Kommentar zu seiner intuitiven Text-Komposition UNBEGRENZT schreibt Stockhausen „Hast Du jemals etwas getan mit der Gewissheit, daß der Raum Deines Denkens, Fühlens, Handelns, Erinnern, Erwartens UNBEGRENZT IST? [...] Hast Du je gespielt, ohne zu fragen, wo du bist? Mit voller Gewißheit. ABSOLUT VERTIKAL HIER"[127].

Stockhausen verstand sich als menschlicher Mitspieler im großen *künstlerischen* göttlichen Spiel[128], das keine einengenden Regeln kennt, sondern dynamischen Prinzipien folgt. In seiner spielerischen ‚Momentanität' gestattet *Synthi-Fou* einen Einblick in die kreative Innenwelt und das kompositorische Selbstverständnis Stockhausens, der nach eigenem Bekunden ständig mit Ideen schwanger ging[129] und seine musikalischen Utopien häufig nur durch komplizierte technisch-logistische Überbrückungsmanöver

---

[126] Vgl. dazu Stockhausen in *Frisius 1996*, S. 235f: „Ich glaube nämlich, daß Originalität sich nicht im Kleid, in der Fassade, in der erkennbaren äußeren Form äußern sollte, sondern in der Einstellung, im Zugriff, in der geistigen Haltung; und ich glaube, daß man ein Kreator sein sollte, der ständig versucht, möglichst vieles in sich wachzuhalten – ein Kreator, der auch eine Vielfalt erzeugen kann."

[127] *Texte 3*, S. 129.

[128] Vgl. *Texte 8*, S. 493.

[129] *Texte 5*, S. 13.

realisieren konnte. Für Stockhausen musste letztlich alles – das ganze Leben, die ganze Welt – in schöne und kunstvoll komponierte Musik verwandelt werden, durch Musikalisierung in einen Bewusstseinssprung mit hineingenommen und in seiner göttlichen līlā-Qualität erhellt werden.[130]

Von außen betrachtet, erweckt dieser Anspruch schnell den Eindruck des Hybriden, Größenwahnsinnigen oder auch Lächerlichen – und bei der hier unternommenen Innensicht droht ebenso schnell die hagiographische Überhöhung: St. Stockhausen. Darum ist an dieser Stelle auch vom *astronischen Fou*, Stockhausens individueller künstlerischer Interpretation des heiligen Narren, die Rede. Und auch hier verbieten sich Generalisierungen, die lediglich ein neues Stockhausen-Klischee produzieren. Es handelt sich eher um eine starke, integrative Teilpersönlichkeit des Komponisten, die dieser in ganz unterschiedlicher Weise kultiviert hat. Dazu gehörte unter anderem, sich bewusst vom jeweils Etablierten abzusetzen und diesem gleichsam den Spiegel vorzuhalten: Die traditionelle Kunstmusik konfrontierte Stockhausen zunächst mit seiner hochformalisierten seriellen und elektronischen Musik; später reagierte er auf den zunehmenden seriellen Akademismus mit der Offenheit seiner Intuitiven Musik und schließlich positionierte er sich mit dem auf einer allumfassenden Superformel basierenden und dezidiert religiösen Riesenwerk LICHT abseits der Beliebigkeit und Ironie der Postmoderne.

Dass es ihm dabei gelang, zwischen den Gegensätzen zu vermitteln und mit immer größerer Selbstverständlichkeit Altes in das Neue zu integrieren, machte es für die Rezeption nicht einfacher. Stockhausens in großen Schwüngen anwachsende Werkspirale[131], für ihn Ausdruck einer kontinuierlichen musikalischen Evolution im seriellen Geist, stürzte viele Hörer in Verwirrung. Was sollte

---

[130] *Texte 8*, S. 497. Zum Spielcharakter des ganzen LICHT-Zyklus s. a. *Peters 2004*, bes. S. 165-170.

[131] Sie findet sich u. a. auf dem Deckblatt des offiziellen Werkverzeichnisses des Stockhausen-Verlags.

man z. B. davon halten, dass eine Melodie aus Gebetsgesten gebildet werden konnte (INORI) oder selbst Weihrauchduft von Stockhausen offenbar musikalisch erlebt und komponiert wurde (DÜFTE – ZEICHEN, 4. Szene von SONNTAG aus LICHT)? Je nach Perspektive erkannte die Kritik in Stockhausen entweder den führenden Avantgardisten oder den Außenseiter (oder gar Dissidenten) der Avantgarde, der in esoterische Sphären entflohen war. Beides ist ebenso wahr wie falsch. Stockhausen verkörpert wie wenige Künstler Inter-Sein und seine holistische Kunstauffassung transzendiert den herkömmlichen Musik-Begriff.

Die kreativen Initialzündungen und musikalischen Eingebungen waren für Stockhausen etwas Überpersönliches: Signale, die ihn wie einen Radioempfänger von anderswo, aus kosmisch-göttlichen Sphären, erreichten und die mit den oft als begrenzt empfundenen irdischen Mitteln in Kunstmusik übersetzt werden mussten. Mit den Begrenzungen wollte sich Stockhausen nie abfinden,[132] die äußeren wie inneren Widerstände und Widersprüche des Lebens schienen ihn eher noch anzuspornen und wurden vom *magister ludi* mitunter einfach in das musikalische *līlā* integriert.[133] Er selbst erlebte sich dabei im Spannungsfeld einer doppelten *mania*: schöpferische Intuition (Michael) und intellektuelle Dialektik (Luzifer). Extreme Kräfte also, die immer wieder ausbalanciert, vermittelt und letztlich in einem evolutionären Prozess versöhnt werden

---

[132] *Texte 4*, S. 421: „Ich glaube, daß es überhaupt keine natürliche Begrenzung gibt, ganz gleich, wo und wie und wann."

[133] Beispielsweise plante Stockhausen für den GESANG DER JÜNGLINGE ursprünglich, die Singstimme völlig synthetisch zu erzeugen, was aber nicht möglich war. So hat er sich entschieden, mit einer realen menschlichen Stimme zu arbeiten und zwischen dieser und der elektronischen Sphäre zu vermitteln, was dem Werk seine frappierende ästhetische Wirkung verleiht. Dass bei der Uraufführung von DONNERSTAG der Chor der Mailänder Scala den 3. Akt bestreikte, wurde von Stockhausen kurzerhand als szenische Intervention in die 3. Szene von SAMSTAG aufgenommen, wo ein Streik des Orchesters LUZIFERS TANZ abrupt beendet.

mussten.[134] Für den Komponisten war die daraus hervorgehende musikalische Kunst seine persönliche Form praktisch gelebter Religiosität, verstanden als Gotteslob und *imitatio Dei* (oder auch *imitatio Christi*, denn dies war sein künstlerischer Genius Michael für ihn).[135]

Dass Stockhausen zur Fundierung seiner ästhetischen Vision neben den klassischen christlich-religiösen Quellen auch Neuoffenbarungen wie die Schriften Jakob Lorbers oder das *Urantia Buch* rezipierte und in seine Werke einarbeitete, ließ ihn von außen nur noch exzentrischer, vulgo paradoxer, komischer, verdrehter und somit närrischer erscheinen. Allerdings fand er in solchen esoterischen Quellen genau jenen offenen, unbegrenzten Raum, in den er mit seiner astronischen Fantasie hineinexpandieren konnte.

Die einhellige Bewunderung, die dem *Synthi-Fou* von den Bewohnern des Jenseits(!) entgegengebracht wird, steht im deutlichen Kontrast zur wechselhaften irdischen Realität, wo sich Stockhausen oft zwischen den michaelischen und luziferischen Fronten erlebte: „Du bist ein hoffnungsloser naiver Narr!! Ein Narr!"[136]

---

[134] Vgl. *Texte 4*, S. 409: „[...] ich meine, daß menschliche Wesen nichts anderes als Inkarnationen bestimmter Ströme geistiger Kräfte sind. Und sie alle befinden sich in einem unglaublichen Konzert, spielen miteinander, gegeneinander – alle Kräfte sind beteiligt. Selbst in ein und demselben Menschen, in ein und demselben Werk finden diese Begegnungen statt; sie befreien Energie, setzten Geist frei wie in einer Atomexplosion."

[135] Vgl. *Texte 10*, S. 28.

[136] Vgl. *Texte 6*, 195: „Durch mein ganzes Schicksal ist das Abhängigsein vom Schutzengel und von höheren Geistern ein Urerfahrung, die sich täglich erneuert. Ich könnte gar nicht anders leben, weil ich permanent den Strom spüre, die Abhängigkeit von höherer Fügung, von günstiger Fügung; weil ich immer wieder erlebe, daß nach allem, was in jeder Situation die Imponderabilien anzeigen, eigentlich alles schiefgehen müßte. Es ist wirklich wahr, daß fast jedesmal bis fünf Minuten vor zwölf irgendeine teuflische Macht versucht, mein Werk kaputt zu machen, vor allem bei allen komplizierten Projekten, die zum Teil waghalsig abhängen von der Gesundheit und der Zuverlässigkeit von Mitarbeitern. [...] Irgendwie

Inter-Sein hat seinen Preis. Der Fou ist gleichzeitig drinnen und draußen. Wohl wirkt er inspirierend oder provozierend, weil er so anders ist, aber man nimmt ihn meist nicht mehr richtig ernst. Stockhausen wurde ob seiner Ideen mehr und mehr als versponnener Guru wahrgenommen, und dies von konservativer wie progressiver Seite. Mit feuilletonistischen Begriffskreuzungen wie „niederrheinischer Bauernbuddhismus" oder „tantrisch-lamaistischer Klosterkatholizismus" (Dietmar Polaczek) hat man immer wieder versucht, den Komponisten zu ironisieren oder lächerlich zu machen. Die kritische Stockhausen-Rezeption ist voll von derartigen närrischen Typisierungen[137] – und sie hat das Phänomen, nämlich den Versuch einer Vereinigung der Gegensätze, auch durchaus richtig erkannt! Sie hat allerdings in der Regel nicht verstehen oder akzeptieren wollen, dass Stockhausens astronisches Narrentum globale spirituelle Wurzeln hat, und dass dazu auch das Ausleben extremer Widersprüche und Mehrdeutigkeiten gehört – ein irritierendes Spiel mit Masken und künstlerischen Inkarnationen.

Im Laufe der Jahre komplettierte Stockhausen das Bild des *astronischen Fou* durch seine äußere Erscheinung, die bei aller Einfachheit durchaus geeignet war, die Person aus dem Alltäglichen, Profanen herauszuheben: die weiße Kleidung, die allerdings mit farbigen Elementen passend zu jedem Wochentag kombiniert wurde. Die Licht-Farbe Weiß, die alle anderen Farben des chromatischen Spektrums in sich enthält und damit sozusagen einer ‚Null-Stelle' entspricht, scheint für den Komponisten eines regenbogen-

---

kommt in letzter Sekunde eine Hilfe vom Himmel, die übermenschlich ist. Da geschieht dann wirklich etwas Wunderbares, so daß es eben doch noch gelingt."

[137] Exemplarisch für diese spöttische Sicht auf Stockhausen ist das 2008 von Ulrich Holbein veröffentlichte *Narratorium*. In dieser Sammlung von 225 von Holbein ausgewählten Narren wird der Komponist u. a. als „Mythenverdünner", „Astralbombastiker" „hosenträgertragende Lichtsäule" oder „Ikarus im Flugsimulator" bezeichnet (*Holbein 2008*, S. 916-920).

farbenen LICHT-Zyklus gewiss die angemessene Arbeitsbekleidung zu sein. Und erst recht für jemanden, der eigentlich ganz hinter das Werk zurücktreten möchte, sich als selbstloser Diener der Kunst verstand. Gerade dadurch entsteht das Paradox: Obwohl die weiße Kleidung völlig neutral ist, hebt sie sich doch zugleich auffällig von der eher dunkeln Normalbekleidung der meisten Menschen ab und wird dadurch zu etwas Besonderem, verwandelt den Träger in eine ikonenhafte, auratische Erscheinung. In der Kombination z. B. mit zweifarbigen Hosenträgern und schlabbrigen Strickpullovern wird diese Aura des Erhabenen aber zugleich wieder ironisch gebrochen und wirkt eher augenzwinkernd, praktisch und bequem. Weniger Zeit vor dem Kleiderschrank bedeutet auch mehr Zeit zum Komponieren. Der Theatermann Stockhausen wusste um die Möglichkeiten heroischer Selbstinszenierung und die Gefahren einer Image-Verkitschung durch sakrale Eindeutigkeit!

Der Komponist selbst wollte auch keine neue Religion stiften, sondern ein erneuertes Gottesbewusstsein inspirieren; die Zeit der alten religiösen Parteien war für ihn vorbei[138] (und zugleich hat er sich immer wieder zu seinem Glauben an Christus-Michael und die kosmischen Hierarchien bekannt und dafür eine luxuriös ausgestattete Musikkathedrale geschaffen – noch so ein ‚vereinigter Widerspruch‘).

Man kommt folglich nicht umhin, bei Stockhausen immer alle Aspekte in ihrem unlösbaren, dynamischen Spannungsverhältnis zu sehen. Wenn man sein Werk als *Lebens*werk ernstnimmt, dann gleicht das Leben einem fortschreitenden Prozess von Durch- und Übergängen, getreu dem Motto des Komponisten: „Furchtlos weiter!" Auch LICHT ist eine unablässige Folge von *rites de passage*, und *Synthi-Fou* erscheint in einer Grenzsituation zwischen Dies- und Jenseits, die nächste Verwandlung ankündigend und vollziehend. Das ist ein Ausdruck für den seriellen Geist: „verschiedene [...] Gestalten im gleichen Licht, das alles durchdringt".[139] In diesem

---

[138] Vgl. *Texte 10*, S. 29.
[139] *Texte 1*, S. 37.

Sinne ist auch der astronisch-närrische Humor in LICHT zu verstehen: als eine verwandelnde Kraft, als befreiender Perspektivwechsel, als Ausdruck einer übervernünftigen Freude.

Literaturverzeichnis

Bandur 2004: „... alles aus einem Kern entfaltet, thematisch und strukturell". Karlheinz Stockhausen und die Rezeption des *Urantia Book* in Licht, in: *Misch/Blumröder 2004*, S. 136-146.

Bauermeister 2011: Mary Bauermeister, Ich hänge im Triolengitter. Mein Leben mit Karlheinz Stockhausen, München 2011.

Bäumer 1967: Bettina Bäumer, Schöpfung als Spiel. Der Begriff līlā im Hinduismus, seine philosophische und theologische Deutung, München 1967.

Berger 1998: Peter L. Berger, Erlösendes Lachen. Das Komische in der menschlichen Erfahrung, Berlin – New York 1998.

Buland 2005: Rainer Buland, Spiritualität. Der spirituelle Weg im Spiel: Līlā, Krīdā und Playing Arts. Abschlussarbeit „Spirituelle Theologie im interreligiösen Prozess", Salzburg 2005 (Online-Publikation: http://www.moz.ac.at/~spiel/buland/Spielitualitaet3.pdf / 04.03.2012).

Dowman 2005: Keith Dowman (Hg.), Der Heilige Narr. Das liederliche Leben und die lästerlichen Gesänge des tantrischen Meisters Drukpa Künleg, Frankfurt 1982/2005.

Düdükçü 2007: Eren Düdükçü, Maǧnūn. Die Gestalt des Heiligen Verrückten im islamischen Mittelalter, Bremen 2007.

Ette 2011: Wolfram Ette, Kritik der Tragödie. Über dramatische Entschleunigung, Weilerswist 2011.

Frisius 1996: Rudolf Frisius, Karlheinz Stockhausen I. Einführung in das Gesamtwerk. Gespräche mit Karlheinz Stockhausen, Mainz 1996.

Gupta 2000: M. G. Gupta, Sarmad the Saint: Life and Works, Revised Edition, MG Publishers 2000.

Holbein 2008: Ulrich Holbein, Narratorium, Zürich 2008.

Jung 2010: C. G. Jung, Archetypen, München 2010.

Kurtz 1988: Michael Kurtz, Stockhausen. Eine Biographie, Kassel-Basel 1988.

Lemaître 1963: Solange Lemaître, Ramakrischna in Selbstzeugnissen und Bilddokumenten, Hamburg 1963.

Misch/Blumröder 2004: Imke Misch – Christoph von Blumröder (Hg.), Internationales Stockhausen-Symposion 2000: LICHT (Signale aus Köln, Bd. 10), Münster 2004.

Nigg 1947: Walter Nigg, Große Heilige, Zürich – Stuttgart 1947.

Nigg 1993: Walter Nigg, Der christliche Narr, Zürich 1993.

Nordhofen 1993: Eckhard Nordhofen, Der Engel der Bestreitung. Über das Verhältnis von Kunst und Negativer Theologie, Würzburg 1993.

Peters 2004: Günter Peters, Heiliger Ernst im Spiel. Zur Symbolik von LICHT, in: *Misch/Blumröder 2004*, S. 159-176.

Plant 2010: John Plant, The Plains Indian Clowns, their Contraries and related Phenomena, Wien 2010 (Online-Manuskript: http://www.anjol.de/documents/100802_heyoka_neu.pdf).

Rautenberg 2003: Eire Rautenberg, Ein Bericht über die Heiligen Narren in den Weltkulturen, in: Tattva Viveka 19 (2003), S. 28-37.

Schwarzer Hirsch 1995: Schwarzer Hirsch, Ich rufe mein Volk. Leben, Visionen und Vermächtnis des letzten großen Sehers der Ogalalla-Sioux (aufgezeichnet von John Neihardt), Augsburg 1995.

Stockhausen 1992: Karlheinz Stockhausen, Klaviermusik 1992, in: Beiheft zu CD 42.

Stockhausen 1996: Karlheinz Stockhausen, Für die Zukunft von LICHT kann man nur beten, in: Programmheft FREITAG aus LICHT, Oper Leipzig 1996, S. 55-71.

Stockhausen 1998: Karlheinz Stockhausen, Bildung ist große Arbeit. Karlheinz Stockhausen im Gespräch mit Studierenden des Musikwissenschaftlichen Instituts der Universität zu Köln am 5. Februar 1997, in: Imke Misch – Christoph von Blumröder (Hg.), Stockhausen 70. Das Programmbuch Köln 1998 (Signale aus Köln, Bd. 1), Saarbrücken 1998, S. 1-36.

Texte 1: Karlheinz Stockhausen, *Texte zur Musik*, Vol. 1, hg. v. Dieter Schnebel, Köln 1963.

Texte 2: Karlheinz Stockhausen, *Texte zur Musik*, Vol. 2, hg. v. Dieter Schnebel, Köln 1964.

Texte 3: Karlheinz Stockhausen, *Texte zur Musik*, Vol. 3, hg. v. Dieter Schnebel, Köln 1971.

Texte 4: Karlheinz Stockhausen, *Texte zur Musik*, Vol. 4, hg. v. Christoph von Blumröder, Köln 1978.

Texte 5–6: Karlheinz Stockhausen, *Texte zur Musik*, Vol. 5-6, hg. v. Christoph von Blumröder, Köln 1989.

Texte 7–10: Karlheinz Stockhausen, *Texte zur Musik*, Vol. 7-10, hg. v. Christoph von Blumröder, Kürten 1998.

Ulrich 2004: Thomas Ulrich, Moral und Übermoral in Stockhausens LICHT, in: *Misch/Blumröder 2004*, S. 74-88.

Ulrich 2011: Thomas Ulrich, Christlicher Glaube im Weltraum-Zeitalter, in: MusikTexte 129, Köln 2011, S. 30- 36.

Umbach 1988: Klaus Umbach, Mit Hitler und Wauwau ins Wolken-kuckuckssheim, in: Der Spiegel 18 (02.05.1988), S. 200-201.

Wegener 2010: Maria-Franziska Wegener, Der heilige Narr. Religion ohne Regeln, in: Tattva Viveka 45 (2010), S. 8-14.

www.tredition.de

Über tredition

Der tredition Verlag wurde 2006 in Hamburg gegründet. Seitdem hat tredition Hunderte von Büchern veröffentlicht. Autoren können in wenigen leichten Schritten print-Books, e-Books und audio-Books publizieren. Der Verlag hat das Ziel, die beste und fairste Veröffentlichungsmöglichkeit für Autoren zu bieten.

tredition wurde mit der Erkenntnis gegründet, dass nur etwa jedes 200. bei Verlagen eingereichte Manuskript veröffentlicht wird. Dabei hat jedes Buch seinen Markt, also seine Leser. tredition sorgt dafür, dass für jedes Buch die Leserschaft auch erreicht wird

Autoren können das einzigartige Literatur-Netzwerk von tredition nutzen. Hier bieten zahlreiche Literatur-Partner (das sind Lektoren, Übersetzer, Hörbuchsprecher und Illustratoren) ihre Dienstleistung an, um Manuskripte zu verbessern oder die Vielfalt zu erhöhen. Autoren vereinbaren unabhängig von tredition mit Literatur-Partnern die Konditionen ihrer Zusammenarbeit und können gemeinsam am Erfolg des Buches partizipieren.

Das gesamte Verlagsprogramm von tredition ist bei allen stationären Buchhandlungen und Online-Buchhändlern wie z. B. Amazon erhältlich. e-Books stehen bei den führenden Online-Portalen (z. B. iBook-Store von Apple) zum Verkauf.

Seit 2009 bietet tredition sein Verlagskonzept auch als sogenanntes "White-Label" an. Das bedeutet, dass andere Personen oder Institutionen risikofrei und unkompliziert selbst zum Herausgeber von Büchern und Buchreihen unter eigener Marke werden können.

Mittlerweile zählen zahlreiche renommierte Unternehmen, Zeitschriften-, Zeitungs- und Buchverlage, Universitäten, Forschungseinrichtungen, Unternehmensberatungen zu den Kunden von tredition. Unter www.tredition-corporate.de bietet tredition vielfältige weitere Verlagsleistungen speziell für Geschäftskunden an.

tredition wurde mit mehreren Innovationspreisen ausgezeichnet, u. a. Webfuture Award und Innovationspreis der Buch-Digitale.

tredition ist Mitglied im Börsenverein des Deutschen Buchhandels.

FSC
www.fsc.org

MIX

Papier | Fördert
gute Waldnutzung

FSC® C083411

Zeitfracht Medien GmbH
Ferdinand-Jühlke-Straße 7
99095 Erfurt, Deutschland
produktsicherheit@kolibri360.de